Boris Grundl / Bodo Schäfer

Leading Simple

Für Peter. Welch ein Vorrecht, von Dir lernen zu dürfen, damals wie heute.

Für Kamil. Danke für Dein Vertrauen und Deine Unterstützung.

Inhalt

Vorbemerkung

In der folgenden Geschichte wurden die Namen und Orte in den meisten Fällen geändert. Dies geschah aus Respekt vor den Personen, die unerkannt bleiben wollen.

Leading Simple steht für das Führen mit Kopf, Hand und Herz. Diese Symbole sollen uns daran erinnern, stets alle drei Aspekte wirksamer Führung zu berücksichtigen:

die Aufgaben für den Kopf (*was* ist zu tun?),

die Hilfsmittel für die Hand (*womit* ist es zu tun?) und

die Prinzipien für das Herz (*wie* und *warum* ist es zu tun?).

Prolog

»Menschen sind wie Musikinstrumente,
ihre Resonanz hängt davon ab, wer sie berührt.«
VERGIL

Fünf Vorstandsmitglieder der Gruber AG warteten gespannt. Der Mann, der die Firma aufgebaut hatte und den sie alle ehrfürchtig den »Alten« nannten, hatte sie gebeten, sich im großen Konferenzzimmer einzufinden. Das war es: Er hatte sie gebeten, er befahl fast nie etwas. Er stellte Fragen und machte Vorschläge. Oder er bat eben um etwas.

Seit der Alte die Leitung der Firma abgegeben hatte, war nichts mehr wie früher. Zwar gingen die Umsätze und die Gewinne nur leicht zurück. Aber die Stimmung wurde immer schlechter. Kaum jemand ging noch gern zur Arbeit. Einige langjährige Mitarbeiter hatten bereits gekündigt. Man hatte den Eindruck, dass es nur eine Frage der Zeit war, bis die Firma in ernsten Schwierigkeiten sein würde. Natürlich versuchte man den Grund herauszufinden. Doch eine einleuchtende Erklärung fand niemand. Sehr oft wurde allerdings gesagt, dass man bei dem Alten »wusste, wo man dran war«, und seit er gegangen sei, fehle diese Orientierung.

Und dann – nach über drei Jahren – war der Alte plötzlich wiedergekommen. Hatte Gespräche geführt mit verschiedenen Mitarbeitern. Hatte die Situation erfasst, begriff, dass noch etwas Entscheidendes an seinem Lebenswerk fehlte.

Er sagte den Führungskräften, ihr EQ sei gesunken. Diese Abkürzung hatte er oft benutzt. Sie steht für *Effektivitätsquotient*. Der Effektivitätsquotient bestimmt, wie effektiv jemand ist, *ob jemand leistet, was er zu leisten imstande ist,* ob er erreicht, was er sich vorgenommen hat. Man gab dem Alten recht, niemand in der Firma hatte in der letzten Zeit den Eindruck, besonders effektiv gewesen zu sein.

Der Alte fuhr fort: *»Wenn Sie nicht effektiv waren, dann liegt der Grund in mangelnden Führungsfähigkeiten.«* Für ihn machte Führung den Unterschied zwischen Erfolg und Versagen im Leben aus. Er war zu dem Schluss gekommen, dass die Gruber AG ein Führungsproblem hatte.

Und dann kündigte er einen Superboss an: *»Der kann ein Führungssystem installieren, das unabhängig von Personen funktioniert.«*

Keiner wusste genau, was der Alte damit meinte. Aber man erwartete Großes von dem angekündigten Mann, hoffte, dass er Freude und Selbstbewusstsein in die Firma zurückbringen würde. Es war menschlich, dass sich jeder ein Bild malte von diesem Genie. Denn er musste genial sein, wenn der Alte so von ihm schwärmte. Wahrscheinlich einer, der anpacken konnte, wie der Alte damals.

Der Alte hatte wörtlich gesagt: »Ihr werdet endlich wissen, was Führen bedeutet. Mit diesem Wissen wird jeder von euch schnell seinen EQ steigern. Ihr werdet erreichen, was auch immer ihr euch vornehmt.«

Nun wartete also die Führungsriege im Konferenzraum auf diesen Macher, den der Alte Louis nannte. Zu dieser Führungscrew gehörten Eberhard Wehrlich, der Lagerleiter, Manuela Herzlich, die Personalleiterin, Gottfried Zucker, der oberste Buchhalter, Inge Salm, die Marketingleiterin, und Alfred Specht, der Controller.

Teil I

Die Geschichte von Louis Berg

1. Die erste Begegnung

»Guten Morgen«, hörten die Wartenden eine Stimme, »ich bin Louis Berg.« Einige Sekunden vorher war die Tür aufgegangen – pünktlich um 9 Uhr 15 – und ein Rollstuhlfahrer in den Konferenzraum hereingerollt. Nun begrüßte er sie.

Die Anwesenden starrten ihn an. Die Überraschung stand ihnen auf der Stirn geschrieben. Ein Rollstuhlfahrer. Man hatte ein Führungsgenie erwartet, jemanden, der anpacken konnte. Eben ein Vorbild.

»Warum sind Sie hier?« Ihre Gedanken wurden unterbrochen durch diese kurze Frage von Herrn Berg. Schweigen. Es war ihnen peinlich, ihn so angestarrt zu haben.

»Ich frage noch einmal: Warum sind Sie hier?« Louis Berg schien jedem Einzelnen in die Augen zu sehen.

Dieses Mal hatten sie die Frage aufgenommen und dachten nach. Sie waren gekommen, weil der Alte sie gebeten hatte. Weil sie ein Führungsgenie kennenlernen wollten.

Frau Salm, die Marketingleiterin, antwortete: »Weil der Alte, also Herr Gruber, uns darum gebeten hat.«

»Und Sie haben überhaupt keine Erwartungen an mich?«, fragte Louis Berg. Für ein paar Sekunden herrschte Schweigen.

»Lassen Sie uns offen sprechen ...« Louis Bergs Stimme durchschnitt erneut ihre Gedanken. »Sie haben jemand anderes erwartet als mich. Jemanden, der als Vorbild vorausgeht und den Weg weist wie Harald Gruber. Eine *geniale Führungskraft.*« Er machte eine kurze Pause. »Für mich ist das Wort Führungs-Kraft nicht optimal. Die

Beschreibung eines kräftigen Menschen trifft auf mich augenscheinlich zumindest körperlich nicht zu. Ich führe nicht mit Kraft. Statt von Führungskräften zu sprechen, schlage ich vor, wir sagen ›Leader‹. Dieses Wort symbolisiert für mich ein Führen ohne Kraft, ohne Kampf. Trotzdem – oder gerade deshalb – hat mein Freund Harald mich gebeten, hierherzukommen. Er hat diese Firma aufgebaut, eine fantastische Leistung. Aber als er vor drei Jahren in den Ruhestand ging, da zeigte sich plötzlich, dass er überall fehlte. Er wartete drei Jahre ab, um seinen Nachfolgern eine Chance zu geben. Aber die Stimmung wurde immer schlechter. Die meisten haben den Spaß an ihrer Arbeit verloren. Es gab Streit und einige bewährte Mitarbeiter haben gekündigt. Als Visionär kann Harald Gruber sehen, dass Sie auf dem direkten Weg in eine Krise sind.«

Die Anwesenden nickten zustimmend. Sie wussten: Was der Mann im Rollstuhl da sagte, stimmte absolut.

Er fuhr fort: »Dann ist er zurückgekommen und hat mit Ihnen und verschiedenen anderen Gespräche geführt. Er wollte herausfinden, wo das Problem liegt. Es zeigte sich, dass keiner genau weiß, was von ihm erwartet wird. Es fehlt Orientierung. Fast jeder hier vermisst Gruber.«

Der Mann im Rollstuhl konnte in den Gesichtern seiner Zuhörer sehen, dass der Alte ihnen tatsächlich sehr fehlte. Er erklärte: »Sie alle kennen das Kürzel EQ, es steht für Effektivitätsquotient.«

»Natürlich«, unterbrach ihn Eberhard Wehrlich, der Lagerleiter. »Der EQ bestimmt, wie effektiv jemand ist. Ob er leistet, was er imstande ist zu leisten. Und ob er umsetzt, was er sich vornimmt.«

»Und ist Ihnen das weitgehend gelungen? Haben Sie geleistet, wozu Sie in der Lage sind? Und haben Sie umgesetzt, was Sie sich vorgenommen haben?«, fragte Louis Berg.

Die Führungskräfte schüttelten verlegen die Köpfe. »Warum nicht?«, erkundigte sich Herr Berg.

Sie dachten einen Moment nach. Dann meldete sich Frau Herzlich, die Personalleiterin, zu Wort: »Der Alte, also Herr Gruber, sagt immer:

›Wenn Sie nicht effektiv waren, dann liegt das an mangelnden Führungsfähigkeiten.‹ Ich habe aber den Zusammenhang nie ganz klar verstanden. Ich meine, es liegt eher an der schlechten Stimmung hier.«

»Wo würden Sie auf einer Skala von 1 bis 10 Ihre Effektivität der letzten Monate einordnen? 1 wäre sehr uneffektiv und 10 äußerst effektiv. Wie viel von dem, wozu Sie in der Lage sind, haben Sie wirklich geleistet?«, fragte der Mann im Rollstuhl.

»Maximal 4«, sagte Frau Salm. »Bei mir war es eine 5«, murmelte Herr Zucker, der Buchhalter. »Eine 3«, sagten andere.

Louis Berg erklärte ernst: »Wo auch immer Sie Ihre Effektivität eingeordnet haben, dort ist auch Ihre Führungsfähigkeit einzuordnen. Wenn Ihre Effektivität eine 4 verdient, dann verdient auch Ihre Führungsfähigkeit eine 4. Wenn Ihre Effektivität eine 9 verdient, dann verdient auch der Grad Ihrer Führungsfähigkeit eine 9. Was ich Ihnen damit sagen möchte: *Der Grad an Effektivität, den Sie in Ihrem Leben erfahren, steht in direkter Proportion zu Ihrer Führungsfähigkeit.*«

Manuela Herzlich meldete sich nachdenklich zu Wort: »Ich glaube, ich beginne es zu verstehen. Aber das würde ja heißen, dass letztlich die Fähigkeit zu führen den großen Unterschied ausmacht im Job.«

»Nicht nur im Job«, ergänzte der Mann im Rollstuhl. »Was wir hier besprechen, gilt für *jeden* Bereich unseres Lebens: für Partnerschaften, Freundschaften, in Vereinen, in der Kirche ... Immer ist Führung der entscheidende Faktor.« Er schrieb groß auf das Flipchart:

**Die Fähigkeit zu führen
ist der Unterschied zwischen Erfolg und Versagen
und damit zwischen einem erfüllten Leben
und frustrierender Mittelmäßigkeit.**

Louis Berg ließ den Satz einwirken. Dann fuhr er fort: »Menschen haben sehr viel Energie, wir können auch sagen: Möglichkeiten. Der größte Teil dieser Energie wird verschwendet, weil sie nicht gebündelt wird. Die meisten ahnen nicht einmal, was sie erreichen könnten, wenn sie effektiv mit ihrer Energie umgehen würden. Und hier setzen Leader ein: *Sie bündeln Möglichkeiten. Führung bündelt Energie*. Wirkungsvolle Leader sind effektiv, weil sie verschiedene Möglichkeiten für ein Ziel zusammenbringen. Sie verhindern, dass Energie ziellos vergeudet wird.«

Louis Berg konnte sehen, wie es in seinen Gesprächspartnern arbeitete. Sie sahen einander kurz fragend an, dann nickten sie. Er wusste nun, sie hatten es verstanden. Als wenn sie seine Beobachtung bestätigen wollte, meldete sich Frau Herzlich: »Also hängt mein Erfolg im Leben letztlich davon ab, ob ich erfolgreich führen kann. Wenn man das bedenkt, dann habe ich mich viel zu wenig damit befasst, erfolgreich zu führen ...«

»Wir hätten mehr vom Alten lernen sollen, solange er noch hier war«, warf Herr Wehrlich ein. »Der konnte wirklich führen.«

»Aber Harald Gruber ist zu alt, um noch einmal die Tagesgeschäfte aufzunehmen. Er will, dass ein System geschaffen wird, das ihn ersetzt. Ein von Personen unabhängiges System.« Louis Berg legte eine kurze Pause ein. Er las es in ihren Gesichtern: Für sie blieb unvorstellbar, dass irgendwer oder irgendetwas ihren verehrten Harald Gruber ersetzen könnte.

»Mit anderen Worten«, fuhr Ludwig Berg fort, »er will, dass Sie lernen, diese Firma so erfolgreich zu führen wie er – allerdings ohne ihn zu kopieren. Harald sagte mir, dass Sie hervorragende Fachkräfte sind. Buchhaltung, Produktion, Verkauf, Marketing und so weiter – Sie verstehen Ihr Handwerk. Harald Gruber ist stolz auf Sie. Aber es gibt ein Problem, und das Problem, das ich jetzt schildere, existiert nicht nur in der Gruber AG, sondern in vielen Firmen. Die meisten Abteilungsleiter wissen nicht genau, wie sie ihre Abteilung leiten sollen. Sie sind ausgezeichnete Fachkräfte, die *nebenbei* leitend tätig sind. Sie sind keine Leader. Den größten Teil des Arbeitstages verbringen sie damit, jemandem etwas vorzumachen – was ihnen aufgrund ihrer fachlichen Qualität nicht schwerfällt. Aber die meisten Menschen in leitenden Positionen können nicht führen, weil sie nicht genau wissen, was das eigentlich ist.« Einige der Anwesenden stimmten ihm sofort zu. In anderen schien sich Protest zu regen.

Ein Mann meldete sich: »Mein Name ist Zucker. Ich leite seit Jahren die Buchhaltung, und zwar erfolgreich. Ich arbeite heute nichts anders als zu der Zeit, als der Alte noch da war.«

»Ach ja?«, zischte Frau Salm, »und warum sind Ihnen dann vor drei Monaten Ihre beiden besten Mitarbeiterinnen abgehauen? Sie und erfolgreich führen. Dass ich nicht lache!«

Gottfried Zuckers Gesicht färbte sich dunkelrot. »Frau Salm, von Ihnen muss ich mir so etwas schon mal gar nicht sagen lassen. Das Einzige, was Sie von Marketing wissen, ist, wie Sie sich beim Alten einzuschleimen hatten. Wie Sie sich schon kleiden ...«

Frau Salm fauchte kaum hörbar: »Sie sollten das Wort Kleidung nicht einmal in den Mund nehmen. Sie haben Ihren Pullunder nun schon mindestens drei Monate ...«

Der Mann im Rollstuhl unterbrach sie: »Zumindest scheinen unterschiedliche Ansichten über Führung zu bestehen ... Wenn *Sie* sich nicht darauf verständigen können, was eine erfolgreiche Führung auszeichnet – wie sollen es dann Ihre Mitarbeiter wissen?«

Er schrieb wieder etwas auf das Flipchart:

Mitarbeiter, die nicht wissen, was man von ihnen erwartet, kündigen. Sie kündigen zuerst innerlich und Monate später verlassen sie die Firma.

Gottfried Zuckers Gesicht wurde noch dunkler. Frau Salm starrte betroffen auf ihre Fingernägel.

Louis Berg sagte nach einer Weile: »Solange Harald Gruber in der Firma war, konnte sich jeder an ihm orientieren. Jeder wusste, für welche Werte er steht, jeder wusste, was von ihm erwartet wurde.«

Nachdenklich nahm Herr Wehrlich den Faden auf: »Ich glaube, wir wollen alle so sein wie Herr Gruber. Aber das gelingt uns nicht. Er ist einmalig. Vielleicht liegt darin das Problem.«

»Sie kommen dem entscheidenden Punkt nahe«, pflichtete Louis Berg ihm bei. »Die wichtige Frage ist doch: Was ist eigentlich Führung? Wissen Ihre leitenden Mitarbeiter ganz konkret, welche Aufgaben sie haben? Und damit meine ich nicht die Sachaufgaben einer Abteilung. Ich meine die reinen Führungsaufgaben.«

Gottfried Zucker meldete sich: »Aber es ist doch klar, welche Aufgaben ich habe: Die Buchhaltung muss stimmen. Und sie muss möglichst schnell fertig sein. Jeder muss sein Bestes geben. Dafür sorge ich.«

»Sie sorgen so gut dafür, dass bei Ihnen eine Stimmung herrscht wie auf dem Friedhof«, konterte Frau Salm.

Louis Berg sah sie ruhig an. Sie hob entschuldigend die Hand. Dann sagte er: »Wir müssen Sachaufgaben von Führungsaufgaben trennen. In den Sachaufgaben ist jeder Einzelne von Ihnen deutlich qualifizierter als ich. Aber die Führungsaufgaben sind Ihnen nicht klar. Ich soll ein System schaffen, mit dem jeder führen lernen kann. Darum bin ich hier. Dazu möchte ich Sie um Ihre Hilfe bitten, denn wir müssen zuerst einen gemeinsamen Nenner finden. Ich habe eine Aufgabe für Sie: Legen Sie doch bitte fest, *was einen guten Leader in Ihren Augen auszeichnet* und *was Ihre Aufgabe ist.* Diskutieren Sie diese Fragen. Wir treffen uns nach der Mittagspause hier und besprechen Ihre Ergebnisse.«

Als Louis Berg in den Konferenzraum zurückkam, war die Diskussion noch in vollem Gang. Alle hatten in etwa die gleichen Ergebnisse – und trotzdem wirkten sie nicht zufrieden. Herr Berg ließ die einzelnen Punkte auf ein Flipchart schreiben. Dort stand dann eine lange Liste.

Was gute Leader auszeichnet / ihre Aufgaben:

- Gerechtigkeit
- Charisma
- Selbstbeherrschung
- Sparsamkeit
- Humor
- Beliebtheit
- Vorbildfunktion
- Kritikfähigkeit
- Fleiß
- Unbeirrbarkeit und Willensstärke
- keine Launenhaftigkeit
- Entwicklung von Visionen
- Kontrolle
- Fähigkeit zum Delegieren
- Integrität
- vertrauenerweckender Gesamteindruck
- Belastbarkeit
- positives Denken
- entschlossenes Handeln
- Verschwiegenheit
- Loyalität
- Menschenliebe
- Organisationstalent
- Fähigkeit, andere zu motivieren
- Ehrlichkeit
- Mut
- Kreativität
- Selbstbewusstsein
- analytisches Denken
- Entscheidungsstärke
- Lernbereitschaft
- Demut
- gutes Zeitmanagement
- Fähigkeit, zu dienen

Alle schauten andächtig auf die imposante Ansammlung von Begriffen. Louis Berg kommentierte ihre Arbeit: »Sind Sie sicher, dass Sie nichts vergessen haben? Das kann doch nicht schon alles sein … oder könnten Sie gar etwas weglassen?«

Ohne die Ironie in diesen Worten zu bemerken, antwortete Alfred Specht, der Controller: »Ich sage doch schon die ganze Zeit, dass man nicht beliebt sein muss als Führungskraft, Verzeihung, als Leader. Es ist besser, wenn ein bisschen Angst mit im Spiel ist.«

»Meine Worte … entscheidend ist nur, dass die Zahlen gut sind. Dazu braucht man keinen Beliebtheitswettbewerb«, stimmte Gottfried Zucker zu. Er fuhr fort: »Ich glaube auch nicht, dass man motivieren muss.« Andere schüttelten darüber den Kopf – insbesondere der gutmütige Lagerleiter Wehrlich.

Herr Berg sprach jetzt leise und betonte jedes Wort: »Sie haben recht. Vieles auf dieser Liste gehört *nicht* dorthin. Es ist falsch, nach der *idealen Führungskraft* zu fragen. Was Sie hier beschrieben haben, ist ein fantastischer Gutmensch, ein überlebensgroßer Superboss. Eine Mischung aus Cäsar, Mutter Theresa, Gandhi und Bill Gates. Wenn das die Anforderung ist, dann genügt ihr kaum jemand. Ich jedenfalls nicht.« Er schrieb:

Leader sind ganz normale Menschen.

»Aber der Alte war so«, widersprach Manuela Herzlich, die Personalleiterin. »Er hatte alle diese Eigenschaften. Nur darum konnte er diese Firma aufbauen. Ich wäre gern so wie er.«

Louis Berg lächelte: »Ich kann Ihnen gar nicht sagen, wie wichtig diese Diskussion ist. Unsere Fähigkeit zu führen entscheidet über unseren Erfolg im Leben. Der Grad unserer Effektivität entspricht dem Grad unserer Führungsfähigkeit. Überall auf der Welt müssen wir führen. Nicht nur in Firmen, sondern immer dann, wenn wir die Hilfe anderer Menschen brauchen. Führen gehört zu unserem täglichen Leben. Aber erstaunlicherweise sind *die Aufgaben eines Leaders nirgendwo niedergelegt.* Für jeden Beruf gibt es eine Form der Ausbildung und einen qualifizierenden Abschluss. Aber zu einer leitenden Position kommt man einfach kraft Beförderung oder ›Ernennung‹. *Es wurde bisher nie klar festgelegt, worin eigentlich – unabhängig von der jeweiligen Branche – die Aufgabe eines Leaders besteht.*«

Seine Zuhörer blickten ihn mit großen Augen an. Er fuhr fort: »Was ist Führung? Über kaum ein Thema gibt es derartige Massen an Information in Büchern, Magazinen, Videos, Seminaren … Sie finden unzählige Antworten, darunter auch viele falsche Schlussfolgerungen, die für Verwirrung sorgen. Wir sind überfüttert mit Informationen, ohne Klarheit darüber zu haben, worauf es wirklich ankommt. Niemand weiß genau, was eine wirkungsvolle Führungskraft tun muss. An die Stelle einer Aufgabenbeschreibung trat die Verherrlichung einzelner Starunternehmer. Die persönlichen Eigenarten dieser Superstars wurden zu Führungsstilen erklärt. Und jeder dachte: Wenn ich wie XYZ bin, dann bin ich eine bessere Führungskraft. Statt Aufgaben zu erfüllen, wollte man so *sein* wie die Stars. Jeder nahm sich andere Vorbilder und verherrlichte andere Charaktereigenschaften.«

Lous Berg hielt kurz inne. »Wird eine Firma von einem solchen charismatischen Menschen geführt«, erläuterte er dann, »so gibt es innerhalb dieser Firma eine Art System, weil jeder versucht, ihm nachzueifern. Aber was geschieht, wenn ein solcher Mensch abtritt, die Firma verlässt? Dann entsteht ein Loch und es herrscht Orientierungslosigkeit. Jeder sucht sich dann seinen persönlichen Führungsstil. *Aber das Wichtigste wird vergessen: Niemand weiß genau, welche Aufgaben jeder Leader immer und auf jeden Fall zu erfüllen hat.* Weil die Führungsaufgaben nicht definiert wurden, konnte kein einheitliches Führungssystem entstehen. Ohne ein klares System können wiederum die meisten Menschen ihre Führungsfähigkeiten nicht entwickeln und trainieren. Die Folge ist Unsicherheit. Wer unsicher ist, kann keine optimalen

Ergebnisse erzielen.« Der Mann im Rollstuhl sah seine Zuhörer an und bemerkte, dass sie vieles verstanden hatten. Aber sie hatten die Wichtigkeit seiner Worte noch nicht ganz erfasst. Sie sollten ihn nicht nur mit dem Kopf, sondern auch mit dem Herzen verstehen. Darum entschloss er sich, ihnen seine Geschichte zu erzählen.

»Vergessen Sie alles, was Sie bisher über Führung gehört haben. Das meiste sind Mythen, die wir überwinden müssen. Wir werden die Fakten von den Märchen trennen. Ich schlage vor, wir treffen uns morgen früh wieder hier, pünktlich um Viertel nach neun. Dann werde ich Ihnen erklären, warum man nicht so sehr überlegen sollte, wie eine Führungskraft zu *sein* hat, und dass es viel effektiver ist, zu wissen, was sie *tun* muss. Ich werde Ihnen meine Geschichte erzählen. Denn durch das, was ich erlebt habe, habe ich die Mythen über Führung als solche durchschaut, einen nach dem anderen. Ich war einmal Tennisprofi … bis ich mir bei einem Sprung ins Wasser das Genick brach. Aber das erzähle ich Ihnen morgen.«

»Noch eins«, setzte Louis Berg an, »die Teilnahme ist freiwillig, Sie müssen nicht kommen. Aber wenn Sie sich entscheiden, morgen zu kommen, dann beginnt es. *Dann beginnt für Sie der Prozess, durch den Sie zu einer wirkungsvollen Führungskraft werden.«*

Bevor er den Raum verließ, schrieb er auf das Flipchart:

Frage nicht, wie eine Führungskraft sein soll, sondern was sie tun muss.

2. Der Unfall

Alle waren gekommen – schon Minuten vor der vereinbarten Zeit. Mit einem frischen »Guten Morgen – danke, dass Sie gekommen sind« rollte Louis Berg in den Raum und begann ohne weitere Umschweife mit seinem Bericht.

»Mit 25 Jahren gehörte ich als Tennisprofi zu den Top 100 in Deutschland. Ich hatte große Ziele und trainierte wie ein Tier. Nebenbei studierte ich Sport. Tennisspielen war für mich ein Kampf auf Leben und Tod, fressen oder gefressen werden. Ein Urlaub in Mexiko, der Sprung von einem Wasserfall – und plötzlich war alles zu Ende: Ich wollte den Indios nacheifern. Die sprangen unbekümmert einen zehn Meter hohen Wasserfall im Dschungel hinunter in einen kleinen See. Den ersten Versuch überstand ich unbeschadet. Beim zweiten Sprung passierte das Unglück: Beim Aufprall auf dem Wasser überstreckte mein Kopf und ich brach mir den siebten Halswirbel.

Mein Freund und Reisegefährte Thomas konnte mich mithilfe einiger Indios aus dem Wasser bergen. In einem nahe gelegenen Krankenhaus wurde ich am nächsten Tag operiert. Aber die Ärzte waren völlig überfordert. Ich blieb gelähmt – neunzig Prozent meines Körpers kann ich nicht mehr bewegen. Lange Zeit hatte ich eine große Wut auf diese Ärzte …

Meine Mutter schaffte es mit unglaublichem Einsatz, die 75 000 Euro für meinen Rücktransport nach Deutschland zusammenzubekommen. Dort wurde ich ein zweites Mal operiert. Diesmal war es endgültig: Ich bin vom Hals abwärts gelähmt, nur meine Arme kann ich bewegen – die Finger der linken Hand aber nur zu zehn Prozent und die der rechten zu dreißig Prozent.

Da lag ich nun in der Reha-Klinik – ich, der ehemalige Hochleistungssportler. Hier begann mein Kampf um ein lebenswertes Leben nach dem Unfall. Die ersten zwei Monate waren die Hölle. Ich musste die ganze Zeit auf dem Rücken liegen, das Einzige, was ich sehen konnte, war die Decke. Die häufigen Besuche von meiner Mutter, von meiner Freundin Gabi und von einigen meiner Freunde gingen über meine Kraft. Ich hielt das ganze Mitleid einfach nicht mehr aus. Ich bat sie, mich sechs Wochen lang in Ruhe zu lassen.

Die ganze Zeit quälte mich die Frage: Warum musste das ausgerechnet mir passieren? Für mich war doch der Sport so wichtig. Ich wurde immer frustrierter und verbrachte die Tage damit, mich selbst zu bedauern. Und dann – aus heiterem Himmel – tauchte plötzlich eine andere Frage auf: *Wofür ist dein Unfall gut?*

Ich dachte: Okay, jetzt ist es so weit, jetzt wirst du auch noch verrückt. Ich versuchte die Frage zu verdrängen – aber sie beschäftigte mich immer stärker.

Wozu mein Unfall gut war? Was für eine hirnrissige Frage! Ich kann nie mehr Tennis spielen, nie mehr eine Frau verführen, muss von Sozialhilfe leben, beruflich kann ich vielleicht irgendwo Kinokarten abreißen – wenn ich meine Finger weiter trainiere ... Was für ein erbärmliches Leben. Wozu soll das gut sein? *Wozu?*

Ich blickte voller Wut auf die Tennispokale, die mir meine Mutter als Erinnerung an glanzvolle Zeiten ans Bett gestellt hatte. Ich bat eine Krankenschwester, die Pokale in den Schrank zu verfrachten. Und ich machte mit meiner Freundin Schluss. Denn ich fühlte, dass sie mich nicht mehr liebte, sondern aus Mitleid bei mir bleiben wollte. Das konnte ich nicht ertragen. Als ich es ihr sagte, waren wir beide erleichtert. Nachdem sie gegangen war, fühlte ich mich sehr allein. Erleichtert zwar, aber auch unendlich einsam.

Tage vergingen, Wochen, Monate. Ich durfte das Bett verlassen und lernte, mich in meinem neuen Leben zurechtzufinden: der Rollstuhl, die Krankengymnastik, die Einsamkeit … Wozu war dieser Unfall gut? Ob Sie es glauben oder nicht, ich fand Antworten. Zuerst einzelne, dann immer mehr. Ich konnte mich inzwischen einigermaßen souverän mit dem Rollstuhl bewegen. Ich hatte mir Ziele gesetzt wie damals beim Tennis. Ich trainierte wie verrückt, um möglichst beweglich zu sein.

Und währenddessen fielen mir immer mehr Antworten ein, wofür der Unfall gut war: Ich hatte nun viel Zeit, um über die Dinge nachzudenken, auf die es wirklich ankam. Ich fand heraus, wer meine wahren Freunde sind. Ich musste nicht mehr blenden – womit auch? Ich stieß an meine wirkliche Leistungsgrenze. Doch mir fehlte noch die eine, alles entscheidende Antwort.

Die Konzentration auf jene magische Frage veränderte meinen Zustand und meine Laune. Auch andere bemerkten die Veränderung. Christiane, meine Krankengymnastin, verliebte sich in mich. Ich war überglücklich – weil ich mich ebenfalls verliebt hatte – und gleichzeitig zu Tode betrübt. Wie konnte ich sie glücklich machen? Nach und nach begriff ich, dass sie mich so liebte, wie ich war. Wir haben übrigens später geheiratet und eine Tochter bekommen: Vivien. Sie ahnen wahrscheinlich, was es für mich bedeutet, Vater zu sein. Ich genieße jede Sekunde mit meiner Tochter.

Ich lernte mich weit besser zu bewegen, als die Mediziner es bei meinem Lähmungsgrad für möglich gehalten hatten. Obwohl oder auch gerade weil ich meine Fähigkeiten immer wieder auf die Probe gestellt habe, erlebte und erlebe ich freilich auch Rückschläge und Peinlichkeiten. Einmal hörte ich, wie ein anderer Patient mit seiner Frau über mich sprach: ›… für den armen Krüppel wäre es besser gewesen, er hätte den Unfall nicht überlebt … was für eine Zukunft hat er denn?‹ Die Worte trafen mich hart. Wäre ich wirklich besser tot? Wie konnte er so etwas sagen? Ich fuhr voller Rage und Frust in den Wald. Dort stürzte ich einen Abhang hinunter. Ich fiel aus meinem Rollstuhl und blieb an einem Baum liegen. Ich hatte unglaubliche Schmerzen, mein Schlüsselbein war gebrochen. Stundenlang lag ich dort, ich schrie um Hilfe. Niemand hörte mich …

Wozu ist jener Unfall wirklich gut? Zwischen den Schmerzensschüben beschloss ich, noch intensiver über diese Frage nachzudenken. Auf einmal wich auch die Angst, nicht gefunden zu werden, obwohl es langsam dunkel wurde. In der Klinik hatte man mich zunächst gar nicht vermisst und nahm erst in der Nacht die Suche auf. Letztlich fand mich dann die Feuerwehr. Zum Glück heilte der Bruch recht schnell.

Als Rollstuhlfahrer musste ich die einfachsten Dinge neu lernen, zum Beispiel mich anziehen. Als ich das erste Mal versuchte, einen Strumpf überzuziehen, benötigte ich zwanzig Minuten. Es dauerte vier Stunden, bis ich ganz angezogen war. Ich rechnete hoch: acht Stunden fürs An- und Ausziehen. Ein tolles Leben lag vor mir. Wofür war dieser Unfall gut?

Eines Morgens dann passierte es: Ich fand die Antwort. Ich war um fünf Uhr früh aufgestanden und hatte die Klinik verlassen, um auf einen kleinen Hügel hinaufzufahren. Ich wollte es ohne fremde Hilfe schaffen.

Oben konnte ich dann zum ersten Mal seit meinem Unfall die Sonne aufgehen sehen. Sie können sich vielleicht vorstellen, wie ich diesen Moment genoss. Gleichzeitig begann sich die Antwort in mir zu formen: Ich musste lernen, Hilfe anzunehmen. Es ging in meinem Leben nicht mehr ums Fressen oder Gefressenwerden, es gab kein Gegeneinander mehr, sondern nur noch ein Miteinander. Ich musste einen Hügel nicht allein bewältigen.

Doch das war nicht alles: Diese Hilfe musste ich *lenken*. Ich wollte lernen, zu führen. Mich selbst, das Leben und andere Menschen. Ich wollte lernen, Dinge durch andere zu erreichen. Mein Herz raste, meine Gedanken überschlugen sich. Eine Ahnung kam in mir auf und wurde zur Gewissheit. Mit einem Mal wusste ich es: *Ich wollte anderen Menschen zeigen, wie man führt.*

Ein Gefühl tiefen Glücks überkam mich. Ich hatte das Gefühl, nach Hause zu kommen. Ja, das ist es, was ich tun will. Anderen Menschen zeigen, wie man führt. Ich spürte: Das werde ich tun, weil ich durch meinen Unfall weiß, dass wir einander brauchen. Zusammen haben wir mehr Energie. Aber diese Energie muss gebündelt und das heißt geführt werden.

Ich fühlte: Ich muss wachsen und kann dieses Ziel erreichen, nicht *trotz*, sondern *wegen* meines Unfalls. Plötzlich sah ich mein Unglück als Brücke zu meiner Lebensleistung. Ich versprach mir, mich fortan bei jedem Problem zu fragen:

Wie kann ich erreichen, dass das Problem nicht gegen, sondern für mich arbeitet?

Von jetzt an wollte ich Negatives in Positives verwandeln. Ich wusste, das ist nicht nur der richtige Weg, mit meinem Schicksal umzugehen – es ist der *einzige* Weg.

Überwältigt saß ich dort oben auf dem Hügel. Ich hatte noch keine Idee, wie ich das alles lernen sollte. Ich begriff nur, dass ich mit der gefundenen Antwort nicht am Ziel, sondern am Start angekommen war. Schließlich musste ich zunächst einmal selbst eine wirkungsvolle Führungskraft werden, bevor ich anderen Tipps geben konnte. Aber ich wusste: Ich kann es schaffen – mit der Hilfe anderer.«

Louis Berg legte eine Pause ein und trank ein Glas Wasser. Seine Zuhörer beobachteten nun jede seiner Bewegungen mit viel mehr Aufmerksamkeit und Respekt. Sie begannen zu ahnen, wie viel Übung es ihn gekostet hatte, wieder aus solch einem Glas trinken zu können. Und sie fühlten, dass die Geschichte jetzt erst richtig begann. Der Mann im Rollstuhl fuhr fort: »Natürlich war die Realität zunächst einmal ernüchternd. Als ich den Hügel hinunterrollte, tauchte ich wieder in den Alltag eines Behinderten ein. Ich wusste, dass ich nicht mit einem großen Sprung an mein Ziel kommen konnte. Aber es war doch schmerzlich, wie klein die Schritte dorthin waren. Armselig klein. Zunächst beschloss ich, mein Sportstudium abzuschließen.

Sie können sich vorstellen, dass das nicht ganz einfach war. Parallel dazu nahm ich mir eine eigene Wohnung. Alle Experten rieten mir davon ab: Bei meinem Lähmungsgrad sei das unmöglich. Aber ich wollte mich im wirklichen Leben wieder zurechtfinden. Ich wollte in der Lage sein, mein Leben zu führen, bevor ich andere führte. Natürlich war der Alltag voller Herausforderungen: waschen, einkaufen, anziehen ... Die Welt sieht aus dem Rollstuhl einfach anders aus.

Nachdem ich das Studium abgeschlossen hatte, suchte ich nach einer Arbeitsstelle. Denn ich wollte nicht länger von der Sozialhilfe leben. Das war gar nicht so einfach. Wer wollte schon einen Rollstuhlfahrer mit Sportdiplom? Nach einiger Zeit fand ich eine Möglichkeit: Ich verkaufte Rollstühle, zunächst auf Provisionsbasis, weil der Personalchef mit mir kein Risiko eingehen wollte.

Es war nicht leicht, verkaufen zu lernen. Ich wollte anfänglich so vorgehen, wie ich früher Tennis gespielt hatte: mit Kraft und Kampf. Drei Monate lang verkaufte ich nicht einen einzigen Stuhl. Also verdiente ich auch nichts. Das Wasser stand mir bis zum Hals. Ich war verzweifelt.

Aber dann lernte ich zufällig Bernd Weiss kennen, einen erfolgreichen Unternehmer und Schriftsteller. Er zeigte mir geduldig, was ich beim Verkaufen falsch machte, und empfahl mir, ein bestimmtes Verkaufsseminar zu besuchen. Was ich dort lernte, war eine Offenbarung. Danach ging es schnell. Verkaufen ist gar nicht so schwer. Man muss nur die entscheidenden Grundsätze kennen.

Getrieben von meiner Vision, schlug ich nach einiger Zeit alle Verkaufsrekorde meiner Firma. Ich verdiente gut, Christine und ich heirateten. Bernd Weiss traf ich nun regelmäßig, er wurde mein Mentor.

Andere Verkäufer begannen, mich zum Vorbild zu nehmen. Nach zwei Jahren wurde ich zum Verkaufsleiter ernannt. Ich wollte allen ein Vorbild sein, so verkaufte ich nebenbei weiter. Zunächst funktionierte das ganz gut – die Umsätze stiegen. Und zu allen Verkäufern baute ich ein enges freundschaftliches Verhältnis auf.

Aber dann wurden die Ergebnisse plötzlich schwächer. Außerdem waren andere Abteilungen neidisch auf unsere Erfolge und sabotierten uns regelrecht. Es wurmte mich, dass ich außerhalb meines Teams keinen Einfluss hatte.

Ratlos rief ich Herrn Weiss an. Wir trafen uns in einem schönen Café. Auf dem Weg dorthin fiel mir ein, dass ich eigentlich noch immer nicht viel über ihn wusste, nur dass er sehr, sehr reich war. Und er kannte sich offensichtlich in allen Dingen bestens aus, die mir Probleme bereiteten.

Als ich meinem Mentor das Problem geschildert hatte, sah er mich amüsiert an: »Louis, Sie sind einem alten Führungsmythos auf den Leim gegangen.

Nicht über die Nähe kommt man zur Leistung, sondern über die Leistung zur Nähe.«

Ich muss ihn ziemlich verständnislos angeschaut haben, denn er erklärte: »Sie wollen Ihre Verkäufer über die Nähe zu Ihnen zur Leistung motivieren. Dieses Vorgehen nutzt sich schnell ab, wie Sie sehen. Effektiver ist es, wenn Sie nur bei Leistung Nähe zulassen.«

Das war für mich schwer einzusehen. Schließlich war ich stolz auf meinen kumpelhaften Führungsstil. Aber ich hatte großes Vertrauen in Bernd Weiss und so hielt ich mich an seinen Rat. Und das war gut so, denn bald stellte sich Erfolg ein.

Bernd Weiss half mir auch, einen weiteren Mythos hinter mir zu lassen. Ich hatte bis dahin gedacht, ich müsste nur meine Mitarbeiter führen, doch er erklärte mir, das sei die leichteste aller Übungen. Viel schwerer sei es, seine Kollegen, seinen Chef und andere Mitarbeiter zu führen: »Führen Sie jeden. Führen Sie seitwärts, nach unten, nach oben und sich selbst. Solange Sie leben, müssen Sie immer führen.« Diese und viele andere Erkenntnisse setzte ich in meinem Alltag um. Meine Fähigkeit zu führen bildete sich auf diese Weise rasch aus. Ich wurde Gastdozent an der Uni Köln.

Jetzt war es an der Zeit, mir meinen alten Traum zu erfüllen: Ich fing wieder mit Leistungssport an, lernte Rollstuhl-Rugby, eine harte Sportart. Noch härter war allerdings der Umgang mit den Sportfunktionären. Ich will hier nicht alle Steine aufzählen, die mir in den Weg gelegt wurden. Aber glauben Sie mir, ohne meine neuen Führungsfähigkeiten hätte ich aufgegeben.

So jedoch wurde ich Nationalspieler, durfte an den Paralympics in Sydney teilnehmen und wurde zum besten europäischen Spieler gewählt, außerdem zum ersten Vorsitzenden des Rollstuhl-Rugby-Verbands Deutschland. Besonders wertvoll freilich war, dass ich einen hohen olympischen Funktionär kennengelernt habe, Chris Wood, einen fantastischen Leader. Auch von ihm habe ich viel gelernt.«

Louis Bergs Zuhörer waren tief beeindruckt. Als wenn er ihre Gedanken erraten konnte, sagte er: »Ich will nicht bei Ihnen Eindruck schinden, sondern Ihr volles Verständnis erreichen für das, was ich Ihnen in Kürze vorschlagen will. Ich biete Ihnen an, die wahren Geheimnisse der Führung kennenzulernen. Und ich stelle Ihnen mein Sechs-Monats-Programm vor. Ich nenne es ›Leading simple‹. Mit ihm werden Sie echte Leader. Aber Sie müssen dieses Programm wirklich wollen und Sie müssen sich ganz darauf einlassen. Wenn ich meine Geschichte weitererzähle, werden Sie bald feststellen, ob Sie dazu bereit sind.«

Die Vorstandsmitglieder der Gruber AG forderten ihn auf fortzufahren. Doch Louis Berg schlug vor, erst einmal zu Mittag zu essen und Punkt Viertel nach eins wieder zusammenzukommen.

3. Der »Roundtable of Leaders«

Zur vereinbarten Zeit erzählte Louis Berg seine Geschichte weiter: »Die Fachpresse berichtete über mich, ich wurde in Talkshows eingeladen, Headhunter riefen an und schließlich warb mich ein großer internationaler Konzern ab. Ich wurde zum Marketing- und Vertriebsdirektor weltweit ernannt und sofort mit neuen Aufgaben und Herausforderungen konfrontiert. Mithilfe meiner Mentoren bewältigte ich sie recht gut. Ich begann mich wohlzufühlen in meiner Rolle als Leader.

In jener Zeit bekam ich einen Anruf von meinem Freund Bernd Weiss. Er lud mich ein, ihn auf der Insel zu besuchen, auf der er wohnte. Bernd ist einer der Menschen, die mich ständig fordern und zum Nachdenken anregen.

Freudig nahm ich die Einladung an. In herrlicher Umgebung führten wir intensive Gespräche. Wir unterhielten uns darüber, was wirklich zählt im Leben. Über die große Leidenschaft, über die Frage, warum die meisten Menschen die Komfortzone nicht verlassen und nie erfahren, wozu sie wirklich in der Lage wären. Ich wurde unruhig. Bernd wusste von meinem Erlebnis auf dem Hügel, kannte das Versprechen, das ich mir selbst gegeben hatte. Und er forderte mich auf, es jetzt einzulösen: ›Es ist Zeit, dass du kündigst. Fang endlich an, das Leben zu führen, von dem du träumst.‹

Ich wandte ein, dass ich noch nicht bereit sei, mich intensiver vorbereiten müsse. Als Erwiderung zitierte Bernd Aristoteles:

›Es gibt Dinge, die wir lernen müssen, bevor wir sie tun können, und wir lernen sie, indem wir sie tun.‹

Dann sagte er: ›Louis, ich kenne dich jetzt viele Jahre. Und ich habe einfach das Gefühl, dass du nicht länger warten solltest.‹ Ich war wie vor den Kopf geschlagen. Meine Gedanken überschlugen sich: Ich war zu einem anerkannten Leader geworden. Statt Sozialhilfe zu beziehen, verdiente ich nun eine stattliche Summe. Ich hatte die Sicherheit eines großen Konzerns. Für einen Rollstuhlfahrer ist Sicherheit ein großes Thema. Ich hatte Ansehen. Und da sagt mir dieser Mensch, ich soll alles aufgeben und ganz von vorn anfangen …

›Wozu ist dieser Unfall gut gewesen?‹ Ich hörte Bernds Stimme wie von ganz weit her. Und wieder: ›Wozu ist dieser Unfall gut gewesen?‹ Langsam drang die Frage in mein Bewusstsein. Wie lange hatte ich sie nicht mehr gehört. Ich ärgerte mich, dass ich Bernd so viel von mir erzählt hatte. Er lächelte mich an, als wenn er meine Gedanken erraten hätte: ›Louis, es ist deine Entscheidung.‹

Aufgewühlt flog ich nach Hause. Ich führte lange und hilfreiche Gespräche mit Bernd Weiss, mit dem Olympiafunktionär Chris Wood und mit meiner Frau. Dann nahm ich mir Urlaub, um in Ruhe nachzudenken. Auf einmal wurde mir klar, dass die Entscheidung längst gefallen war. Es gab keinen anderen Weg für mich. Ich kündigte meinen sicheren Job.

Wieder stand ich da ohne irgendeine Sicherheit. Ich lebte von meinen Rücklagen und fing an, mein Wissen über Führung schriftlich zu ordnen. Dabei überfiel mich plötzlich eine Erkenntnis: Was ich aufgeschrieben hatte, war gut, sehr gut sogar. *Aber es hatte kein System. Es war kein klares Programm, das jeder innerhalb einer bestimmten Zeit lernen kann.*

Diese Erkenntnis traf mich wie ein Schlag ins Gesicht. Denn ohne System konnte und wollte ich nicht beginnen. Ich grübelte und suchte und verschlang Unmengen von Büchern über Management und Führung. Das Ergebnis war nicht berauschend: viele gute Ansätze, viele falsche Schlussfolgerungen. Charaktereigenschaften von Spitzenunternehmern werden fälschlich zu Führungsstilen erhoben ... Niemand hat klar definiert, welche Führungsaufgaben ein Leader auf jeden Fall zu erfüllen hat.

Ich wollte diese Aufgaben präzise definieren: *Was muss ein Mensch tun, um wirkungsvoll zu führen?* Dann wollte ich die Aufgaben in ein System zusammenfassen und ein Programm entwickeln, mit dessen Hilfe jeder Mensch zu einem Leader wird. Ein klares, einfaches und effektives Programm.

Instinktiv spürte ich allerdings, dass die wesentlichen Punkte in meinen Gedanken fehlten. Wichtige Fragen hatte ich noch gar nicht berührt. Und so drehte ich mich im Kreis. Ich kam nicht weiter, wurde immer frustrierter, aber ich wollte und konnte nicht aufgeben.

Monate vergingen. Schließlich besann ich mich auf meine Mentoren und fragte sie um Rat. Ich traf Chris Wood und Bernd Weiss. Aber anders als sonst wichen sie mir diesmal aus. Sie lächelten nur geheimnisvoll und gaben mir eher unkonkrete Ratschläge wie: ›Gib nicht auf, dann wirst du die Lösung erfahren.‹

Und dann kam der Brief. Ein Kurier brachte ihn, und diese Sendung veränderte alles. Das Schreiben war kurz und kam gleich zur Sache.

Sehr geehrter Herr Berg,

wir laden Sie zu unserem Roundtable of Leaders in London ein. Flugticket, Reiseunterlagen und Details zu unserem Treffen finden Sie in der Anlage. Wir freuen uns auf Sie.

Mit freundlichen Grüßen

Marc McKane
Chairman

Der Flug war für die erste Klasse gebucht, das Briefpapier offensichtlich teuer. Ich hatte eine Reservierung in einem Luxushotel – alles bereits bezahlt. Man schien sich sicher zu sein, dass ich die Einladung annehmen würde. Trotzdem zögerte ich.

Meine Frau sagte spöttisch: ›Louis, du kannst natürlich nur dahinfliegen, wenn deine zahlreichen Verpflichtungen es zulassen.‹ Da ging mir auf, dass ich das Haus wochenlang so gut wie nicht verlassen hatte. Selbst meinen Sport hatte ich vernachlässigt. Ich beschloss, nach London zu fliegen.

Im Flugzeug lernte ich einen faszinierenden alten Mann kennen: Harald Gruber. Ich mochte ihn auf Anhieb. Er hatte mich zufällig einmal in einer Talkshow gesehen und wir unterhielten uns über Führung.

Meine Einladung zum Roundtable in London beeindruckte ihn. Er hatte schon von diesem geheimnisvollen Kreis gehört.

Als es um Literatur zum Thema Führung ging, schilderte ich ihm meinen Eindruck: ›Ich glaube, durch die meisten Bücher zieht sich ein und derselbe große Fehler: Sie handeln hauptsächlich davon, was den Superboss auszeichnet. Damit können sich die meisten Menschen nicht identifizieren und das sollten sie auch nicht. Den Lesern werden Charaktereigenschaften als Vorbild präsentiert, in denen sie sich nicht wiedererkennen, und so schalten sie ab. Sie meinen, nicht zum Führen geboren zu sein. Deshalb entgeht vielen Menschen das Leben, das sie leben könnten.‹

Harald Gruber sah mich betroffen an. Er überlegte eine Zeit lang und fragte dann, wie sich das denn lösen lasse. Ich erwiderte: ›Wir müssen die Aufgaben eines Leaders klar beschreiben und in ein System fassen.‹

Listig blinzelte er mich an und fragte fast ein wenig barsch: ›Meines Wissens gibt es ein solches System bisher nicht. Viele haben danach gesucht. Warum sollte es gerade Ihnen gelingen, so etwas zu konzipieren?‹

Ich erzählte ihm von meinem Unfall, von meiner Frage: ›Wozu ist dieser Unfall gut?‹, von meinen Antworten und räumte ein: ›Ich habe dieses System noch nicht, aber ich muss es auch nicht allein finden. Leadership ist kein Alleingang.‹

Er nickte nachdenklich. Zum Abschied sagte Harald Gruber: ›Ich fühle, Sie liegen genau richtig. Meine Mitarbeiter sind mir von Herzen wichtig, sie bedeuten mir alles. Bitte melden Sie sich bei mir, wenn Sie dieses System entwickelt haben.‹ Ich versprach es ihm. Wir blieben in Kontakt und wurden Freunde.

Zum Treffen des geheimnisvollen Roundtable of Leaders wurde ich in einen Saal geführt. Ungefähr fünfundzwanzig Personen waren dort versammelt, darunter einige wenige Damen, aber überwiegend ältere Herren. Sie sahen würdevoll aus und hatten die Aura erfolgreicher Menschen.

Ein Mann mit grauen Haaren stellte sich vor: ›Der Roundtable of Leaders heißt Sie willkommen. Ich bin Marc McKane und habe im Moment den Vorsitz inne. Darf ich Sie Louis nennen? Wir alle nennen uns hier beim Vornamen …‹

Ich hörte nicht weiter zu. Mein Blick war von einem zum anderen gewandert und plötzlich auf Bernd Weiss gefallen, der mir freundlich zulächelte. Ich drehte meinen Rollstuhl und dann sah ich Chris Wood. Auch er nickte mir aufmunternd zu. Unvermittelt wurde mir wieder bewusst, dass Marc McKane zu mir sprach. Ich stotterte ein wenig vor Verlegenheit. Die Anwesenden lachten. Aber ich hatte nicht den Eindruck, dass sie mich auslachten. Eher freuten sie sich über die gelungene Überraschung.

›Sie sehen, einige von uns haben Sie bereits einen guten Teil Ihres Weges begleitet‹, sagte Marc McKane lächelnd. ›Darf ich die anderen Teilnehmer des Roundtable kurz vorstellen …‹ Versammelt waren einige Millionäre, Unternehmer, die viele Mitarbeiter beschäftigen, Ökonomen, Philosophen, Historiker und eine Psychologin. Ich war sehr beeindruckt.

Marc McKane fuhr fort: ›Wir arbeiten im Verborgenen, darum möchten wir Sie bitten, unsere Identität geheim zu halten. Sie können darüber berichten, was hier geschieht, aber Sie dürfen keinen der Anwesenden namentlich nennen. Hierzu möchte ich Ihr Ehrenwort.‹ Ich gab es ihm gern. ›Es hat immer schon Kreise wie diesen hier gegeben‹, erklärte Mr. McKane. ›Ich will darüber nicht ins Detail gehen. Nur so viel: Wir konnten auf gesammeltem Wissen aufbauen. Vor Jahren haben wir uns zum ersten Mal zusammengefunden. Jeder von uns ist ein Experte auf seinem Gebiet, ein Leader. Führen und der Umgang mit Menschen ist unser Lebensinhalt. Aber wir wussten, dass wir aus dem Bauch heraus handelten, ohne erkennbares System. Was wir taten, war nicht ohne Weiteres duplizierbar. Wir waren deswegen unzufrieden, schließlich ließen wir uns doch von einem großen Ziel leiten:

Wir wollten definieren,

welche *Aufgaben* ein Leader hat,

welche *Hilfsmittel* ihm zur Verfügung stehen und

welchen *Prinzipien* er treu bleiben muss, um

Sinn und Werte in seine Arbeit zu integrieren.

Diese drei Fragen – *was, womit, wie / warum* – waren der Ausgangspunkt für das System, das wir suchten.‹

Wie durch Zauberhand warf ein Beamer drei Worte an eine Leinwand, die sich geräuschlos aus der Vertäflung der Decke herabsenkte. *Was, womit und wie / warum*, durchzuckte es mich. Natürlich! Ich hatte nur nach dem Was gefragt und mich im Kreis bewegt. Ich fühlte, dass ich kurz vor meinem Ziel stand. Begierig lauschte ich weiter. Marc McKane fuhr fort: ›Das Leben hat es gut mit uns gemeint und wir wollten etwas zurückgeben: ein System, das es jedem Menschen erlaubt, wirkungsvoll zu führen. Denn wir wissen: Die Fähigkeit zu führen ist der Unterschied zwischen Erfolg und Versagen, es ist der Unterschied zwischen einem erfüllten Leben und frustrierender Mittelmäßigkeit. Wir nahmen die Aufgabe an, wir beantworteten die drei Fragen und wir fassten unsere Erkenntnisse in einem System zusammen. Kommt Ihnen das bekannt vor?‹

Ich musste lächeln – und ob mir das bekannt vorkam. Bernd Weiss nickte mir zu. Marc McKane redete weiter: ›Wir haben die vorhandene Literatur ausgewertet und um unsere Erfahrung ergänzt. Wir haben uns getroffen und diskutiert – oft viele Tage lang. Nachdem wir erste Ergebnisse gefunden hatten, haben wir noch jahrelang gefeilt, bis wir zufrieden waren. Jetzt endlich haben wir die drei Fragen klar beantwortet, und uns ist deutlich geworden, dass in der dritten Frage, der Frage nach dem *Wie,* immer auch die Sinnfrage enthalten ist, das *Warum*. Auf der Grundlage der Antworten haben wir das System geschaffen, mit dem jeder ein Leader werden kann.‹

Marc McKane lehnte sich zurück und fragte mich nach meiner Meinung. Ich stand unter Strom. ›Natürlich‹, sagte ich, ›man darf nicht nur die Aufgaben formulieren. Man muss auch zeigen, welche Hilfsmittel zur Verfügung stehen, um diese Aufgaben zu erfüllen. Dass ich darauf nicht gekommen bin ... Und die unveränderlichen Prinzipien auszuformulieren als Fundament für jeden langfristigen Erfolg, das ist genial.‹

›Warum ist das so wichtig? Was ist daran anders als der Personenkult, den so viele betreiben?‹, hakte Marc McKane nach.

Ich ließ mich nicht beirren, denn ich hatte es endlich verstanden. Endlich hatte ich es. Ich hätte laut jubeln können, aber ich beherrschte mich und antwortete:

›Wenn Sie unveränderliche Erfolgsprinzipien bestimmen, dann trennen Sie Personen von Prinzipien.‹

Das ist so einfach, aber gleichzeitig genial. Diese simple Erkenntnis eröffnet jedem Menschen die Möglichkeit, ein Leader zu sein.‹ Und dann brach es doch aus mir raus: ›Ich könnte schreien vor Freude.‹

Marc McKane nickte. Er freute sich seinerseits ganz offensichtlich über die Antwort. Die anderen blickten einander an, fast schien es, als seien sie stolz auf mich. Bernd ergänzte: ›Werte und Prinzipien sind nicht dasselbe. Das muss man verstehen. Werte enthalten eine subjektive Komponente. Prinzipien dagegen sind *unveränderlich*.‹ Dann sagte er eindringlich:

›Wer Personen nachahmt, versucht deren Werte zu übernehmen. Wenn verschiedene Mitarbeiter unterschiedlichen Vorbildern folgen, entsteht Chaos, weil die Werte niemals gleich sind.

Prinzipien dagegen sind unveränderlich, weil sie unabhängig von Personen sind. Sie sagen: So und nicht anders läuft es in unserer Firma.‹

Chris Wood ergriff das Wort: ›Wir wissen, dass Sie an dieser Stelle lange nicht weitergekommen sind. Uns ging es ebenso und vielen Menschen vor uns auch. Sie haben zu Recht erkannt, dass es nicht so effektiv ist zu fragen, wie ein Leader *sein* soll. Wer wissen will, wie ein Leader sein soll, fragt nach Charaktereigenschaften. Das führt nur zu dem unseligen Starkult, den wir heute vielfach finden, unselig, weil diese Verherrlichung von einzelnen Superstars oft an die Stelle eines duplizierbaren Führungsmodells tritt. Das führt bei vielen zu Frustration und Resignation. Zahlreiche Menschen finden sich resigniert damit ab, nicht wie dieser Superboss zu sein, und glauben, nicht führen zu können. Übrigens werden nur in der Führung bestimmte charakterliche Eigenschaften gefordert. In anderen Berufen ist das nicht der Fall. Ein Läufer muss schnell sein, ein Maurer muss gut mauern, ein Maler faszinierende Bilder malen, ein Anwalt Prozesse gewinnen … Von einem Leader erwarten viele aber Übermenschliches. Louis‹, wandte sich Chris Wood direkt an mich. ›Sie haben richtig erkannt, dass es effektiver ist zu fragen, was ein Leader *tut*.‹

Bernd Weiss nahm den Ball auf: ›Aber diese Erkenntnis reichte Ihnen nicht – Sie waren unzufrieden. Sie spürten, dass Menschen einen Sinn und eine Orientierung in ihrer Arbeit suchen. Einerseits wollten Sie das *Sein* vom *Tun* trennen. Sie haben gespürt, dass niemand so sein kann wie andere Leader, dass aber die meisten lernen können, so zu handeln. Andererseits wollten Sie zu Recht die Frage nach Sinn und Orientierung beantworten, ohne deswegen dazu aufzurufen, bestimmte Charaktereigenschaften zu übernehmen. Jetzt kennen Sie die Lösung: unveränderliche Erfolgsprinzipien, an denen sich jeder orientieren kann. Hier geht es also nicht darum, gewisse Eigenschaften zu *haben*, sondern auf gewisse Weise zu *handeln*. Und das ist lernbar und ganz einfach. Es gibt nur *fünf Aufgaben*, die jeder Leader erfüllen muss, ihm stehen dafür *fünf Hilfsmittel* zur Verfügung, und es gibt *fünf unveränderliche Prinzipien*, die das Fundament für jeden langfristigen Erfolg bilden.‹

Es entstand eine längere Pause. Ich fühlte ein tiefes Glücksgefühl in mir, ich war dem Roundtable unendlich dankbar. Ich spürte, dass diese Leader mir gleich ihr System vorstellen würden. Aber ich hatte keine Ahnung, was noch kommen sollte.«

Louis Berg unterbrach seine Erzählung und ließ seinen Blick über die Führungsriege der Gruber AG schweifen. Er sah, dass sie Zeit benötigten, um die Informationen zu verarbeiten. »Ich schlage vor, wir unterbrechen an dieser Stelle. Heute Abend bitte ich Sie zu überlegen, warum diese Lösung so genial ist. Vielleicht haben Sie schon eine Idee, welche Aufgaben, Hilfsmittel und Prinzipien gemeint sein könnten. Morgen früh sprechen wir darüber als Erstes. Danach erzähle ich Ihnen meine Geschichte weiter.«

4. Drei mal fünf

Es erschien ihnen schon fast wie eine Gewohnheit, dass sie sich am nächsten Morgen pünktlich um Viertel nach neun trafen. Sie begrüßten Louis Berg herzlich. Inzwischen kam er ihnen wie ein alter Bekannter vor. Und noch etwas war geschehen: Zum ersten Mal seit langer Zeit hatten sie sich darauf gefreut, in die Firma zu fahren.

Die erste Frage Bergs hatten sie erwartet: »Fangen wir mit dem *Was* an. Warum müssen Leader genau wissen, was von ihnen erwartet wird?« Herr Wehrlich antwortete:

»Wer seine Aufgaben nicht kennt, kann sie auch nicht erfüllen.«

Der Mann im Rollstuhl nickte anerkennend und Herr Wehrlich fuhr fort: »Ich habe zwar immer gewusst, wie mein Lager auszusehen hat, aber meine Führungsaufgaben sind mir nicht klar gewesen. So habe ich meine Mitarbeiter lediglich zu fachlichen Aufgaben angehalten – auch meine Stellvertreter. Dadurch wissen sie nicht, wie sie andere führen sollen.«

Alfred Specht ergänzte: »Wenn Aufgaben der leitenden Mitarbeiter nicht klar definiert sind, gibt es keinen Maßstab. Ich kann dann nicht kontrollieren, ob die Aufgaben erfüllt werden. Versuche ich trotzdem, die Leistungen zu beurteilen, wird das Ganze ziemlich willkürlich.«

»In der Folge weiß dann niemand so richtig, was von ihm erwartet wird«, beschrieb Manuela Herzlich, die Personalleiterin, die Situation. »Und wer derart verunsichert ist, der kann niemals leisten, wozu er eigentlich in der Lage ist. Frustration breitet sich aus. Das Betriebsklima ist schlecht. Wer kann, kündigt.«

Herr Zucker sagte bedächtig: »Die Aufgaben klar zu beschreiben ist die Grundlage jeder lösungsorientierten Kommunikation. Nur so können die Aufgaben dann zu der Basisgröße werden, die jeder kennt und die von allen akzeptiert wird. Ich glaube sogar, dass ohne Klarheit über die Aufgaben eine Kommunikation gar nicht stattfinden kann.«

Louis Berg gratulierte ihnen zu ihren Erkenntnissen. Sie spürten, dass er sich von Herzen über ihre Antworten freute.

Er schrieb an das Flipchart:

Durch klare Aufgaben wird ...
... erstens Arbeit messbar,
... zweitens Kontrolle möglich,
... drittens Sicherheit und Orientierung gegeben,
... und viertens sind klare Aufgaben die Grundlage jeder effektiven Kommunikation.

»Kommen wir zu dem *Womit*, den Hilfsmitteln. Ein Schreiner kennt seine Werkzeuge: Säge, Hammer, Zange ..., ein Mechaniker seine Schraubenschlüssel, ein Zahnarzt seine Bohrer ... Es ist erstaunlich, dass bisher niemand festgelegt hat, welche Hilfsmittel Leadern zur Verfügung stehen. Wie ich schon sagte, gibt es fünf wichtige Hilfsmittel für Leader. Wenn sie nicht benutzt werden, kann es keinen Erfolg geben. Wir müssen sie nicht nur kennen, sondern auch lernen, sie einzusetzen. Hier ist Übung angesagt.«

»Ich bin gespannt, welche fünf Hilfsmittel das sind«, warf Frau Salm ein. »Wann erfahren wir das?«

Gottfried Zucker preschte vor: »Ich glaube, Strafe ist ein wichtiges Hilfsmittel. Es ist wie bei Kindern. Ohne Strafe kann man sie nicht erziehen.«

Inge Salm war sofort auf 180: »Nur gut, dass Sie keine Kinder haben. Die würden mir leidtun. Strafe, dass ich nicht lache ...«

Herr Specht überlegte: »Also ich glaube, ein gutes Computerprogramm wäre ein wichtiges Hilfsmittel. Damit könnte ich leichter einzelne Posten abgleichen.«

Frau Herzlich widersprach: »Alfred, hier geht es doch darum, wirkungsvoller zu führen, und nicht um deine Sachaufgaben.«

Louis Berg lächelte: »Ich bitte um etwas Geduld. Der Roundtable hat mir die fünf Aufgaben, Hilfsmittel und Prinzipien erstklassig präsentiert. Ich werde sie Ihnen auf die gleiche Weise vorstellen. Sie werden Ihnen sofort einleuchten. Aber lassen Sie uns zunächst über das *Wie* sprechen, die Prinzipien. Warum muss jeder Mitarbeiter in einer Firma deren Prinzipien genau kennen? Warum reicht es nicht, wenn jeder seine Aufgaben und Hilfsmittel kennt?«

»Ich habe lange über die Frage nachgedacht und keine befriedigende Antwort gefunden«, gestand Alfred Specht. »Dann habe ich *Prinzipien* durch *Regeln* ersetzt. Sofort ist es mir klar geworden: Wir benötigen Regeln, *wie* wir die Aufgaben erfüllen und die Hilfsmittel einsetzen sollen.«

Herr Wehrlich sagte: »Auch ich habe lange darüber nachgedacht. Dann habe ich zusammen mit meiner Frau einen Satz formuliert ... Ich habe ihn aufgeschrieben ... Warten Sie ...« Umständlich zog er ein Stück Papier hervor. Dann las er: »Die Prinzipien bestimmen unveränderliche Regeln, auf denen alles in der Firma basiert. Sie bilden gewissermaßen das Herz der Firma, ihr Gewissen und ihre Orientierung.«

»Eine gelungene Formulierung«, fand Herr Berg. »Die Prinzipien sind also klar ausformulierte Regeln, die einer Firma wichtig sind, sie sind ihr Gewissen und geben Orientierung. Sie bilden damit die Unternehmenskultur, sie bestimmen den Geist, der in der Firma herrscht. Nur wer die Prinzipien seines Unternehmens kennt, kann beurteilen, ob er im Sinn der Firma seine Aufgaben erfüllt oder nicht. Aber ein Aspekt fehlt noch. Haben Sie eine Vorstellung, was das sein könnte?«

Frau Salm meldete sich: »Herr Berg, Sie hatten gesagt, dass mit den Prinzipien nicht nur die Frage nach dem Wie gestellt wird, sondern auch nach dem Warum. Das Warum – das ist meines Erachtens die Frage nach dem *Sinn*. Im idealen Fall weiß jeder Mitarbeiter, *warum* das, was er tut, wichtig ist. Wenn seine Firma für Prinzipien steht, mit denen er sich identifizieren kann, dann lässt ihn das stolz sein. Er ist stolz auf die Firma, und er ist stolz, zu dieser Firma zu gehören.«

Louis Berg klatschte zustimmend in die Hände. »Genau das ist es. Sie haben es auf den Punkt gebracht. Ich will Ihnen ein großes Kompliment machen. Es macht Spaß zu sehen, wie Sie diese Fragen durchdacht haben. Es ist ein Vergnügen, mit Ihnen zu arbeiten.«

Die Vorstandsmitglieder blickten sich verlegen an. Aber man konnte sehen, wie gut ihnen das Lob tat. Louis Berg ließ seine Worte einen Moment einwirken, dann sagte er: »Ich habe die Vorteile klarer Führungsaufgaben, -hilfsmittel und -prinzipien auf einem Kärtchen zusammengefasst. Hier können Sie alles noch einmal im Überblick sehen.« Er gab jedem ein Kärtchen.

Die Vorteile klarer Führungsaufgaben, -hilfsmittel und -prinzipien

Aufgaben (WAS)	• machen Arbeit messbar • ermöglichen Kontrolle • geben Sicherheit und Orientierung • sind Grundlage jeder effektiven Kommunikation
Hilfsmittel (WOMIT)	• helfen, die Aufgaben zu erfüllen • ermöglichen erst eine effiziente Arbeit • sind Leverage: ökonomisch und zeitsparend • Wer ihre Anwendung trainiert, wird ein wirkungsvoller Leader.
Prinzipien (WIE)	• zeigen, wie Aufgaben zu erfüllen sind • regeln die unveränderliche Richtung der Firma • geben Orientierung • bilden das Herz der Firma, ihr Gewissen • ermöglichen eine von Personen unabhängige Unternehmenskultur
(WARUM)	• geben der Arbeit Sinn • ermöglichen Stolz auf die Firma und sich selbst • schaffen Identifikation

Die fünf bedankten sich für die Kärtchen und Louis Berg meinte: »Es ist nun Zeit, dass Sie den Rest meiner Geschichte hören. Herr Zucker, wären Sie so nett, mir mit dem Kaffee zu helfen? Die Kanne ist zu schwer für meine Hände.« Der Leiter der Buchhaltung schenkte ihm eine Tasse Kaffee ein.

»Sie erinnern sich: Ich war überglücklich über die Antworten, die mir die Leader des Roundtable gegeben hatten. Ich wusste, dass ich nun bald eine exakte Bestimmung der Aufgaben, Hilfsmittel und Prinzipien erhalten würde. Allerdings war ich überhaupt nicht auf das vorbereitet, was nun kam. Sue Willards, die Psychologin am Roundtable, erklärte: ›Wir hatten also das System geschaffen, das es jedem Menschen ermöglicht, wirkungsvoll zu führen. Doch das war nur der Anfang. Danach begann unsere Suche nach geeigneten Multiplikatoren. Wir hatten uns von Anfang an darauf verständigt, dass die Verbreitung unserer Konzeption niemals nur an einer Person hängen dürfte, und nun fragten wir uns: Wer ist wirklich dafür geeignet? Wir haben die Messlatte bewusst hoch gelegt und vier Kriterien festgelegt.‹

Sue Willards erläuterte diese Kriterien. Erstens sollten es Menschen mit *Erfahrung in erfolgreicher Führung* sein, keine Theoretiker, die nur über Führung sprechen, alles ›wissen‹, aber nicht *können*, weil sie selbst nie geführt haben. Die Folge ist diese Flut von praxisfremden Managementmodellen, die nur für Verwirrung sorgen.

Zweitens sollten diese Personen verinnerlicht haben, dass *nicht Kraft und Kampf* die Mittel für die Führung der Zukunft sind. Zu lange, sagte Mrs. Willards, habe Kampf das Zusammenleben der Menschheit bestimmt.

›Drittens‹, fuhr sie fort, ›suchten wir Menschen, die sich der gleichen *Aufgabe verschrieben* haben wie wir, Menschen, die sich um Antworten bemühen, und zwar um Antworten, von denen sie wissen, dass sie Menschen und Firmen auf der ganzen Welt verändern können.

Und viertens war uns wichtig, dass diese Personen *nicht versuchen, ihre Charaktereigenschaften zum System zu erklären,* sondern bereit sind, sich in den Dienst der Aufgabe zu stellen. Sie müssen verstehen, dass das System wichtiger ist als ein weiterer Personenkult.‹

An diesem Punkt hielt Sue Willards inne, während die anderen Leader bedächtig nickten. Offensichtlich hatten sie sich lange mit diesen vier Kriterien auseinandergesetzt. Eine Pause entstand. Schließlich ergriff Marc McKane das Wort. ›Wie gesagt, wir waren nicht bereit, Kompromisse einzugehen. Wir haben es uns nicht leicht gemacht. Aber wir sind fündig geworden.‹ Gespannt auf diese Menschen, sah ich mich um. Niemand war zu uns in den Saal gekommen. Alle schwiegen und schauten mich an. Langsam begriff ich: Sie schauten *mich* an.

Das konnte nicht sein. Da verkündete Marc McKane feierlich: ›Sie, Louis Berg, sind eine der Personen, auf die unsere Wahl gefallen ist. Wir würden uns freuen, wenn *Sie* mithelfen würden, dieses System bekannt zu machen. Zeigen Sie den Menschen, wie simpel Führung wirklich ist.‹«

Louis Berg schwieg. Dann räusperte er sich: »Es war, als hätte mich ein schwerer Schlag getroffen. Ich fühlte mich, als ob ich wieder in diesen See gesprungen wäre. Ein Blitz durchzuckte mich. Ich konnte nichts sagen, Bildfetzen, Gedanken und Gefühle schossen rasend schnell durch meinen Kopf: der Felsen, der See, der Unfall, das Krankenhaus, meine Verzweiflung, die Reha, Christine, der Hügel, die Frage ›Wozu ist dieser Unfall gut?‹, Sozialhilfe, Rollstühle verkaufen, Verkaufsleiter, Rollstuhl-Rugby, die Olympiade, die Deutschlandhymne, TV-Auftritte, Vertriebschef, meine Tochter Vivien, die verzweifelte Suche … War mein Unfall tatsächlich die Brücke zu dieser Aufgabe? Ich vergaß alles um mich herum. Ich befand mich auf meiner wichtigsten Reise, der Reise nach innen – alles Äußere verschwand. Plötzlich erfüllte mich eine große Dankbarkeit: Ich war dankbar für meinen Unfall. Natürlich hätte ich mir lieber nur den kleinen Finger gebrochen, aber dann wäre ich nie der Louis Berg geworden, der ich heute bin, mit all meinen Schwächen und Chancen. Mein Weg hätte mich niemals an diesen Punkt gebracht. Niemals. Ich wollte nicht mehr tauschen – mit keinem anderen Schicksal. Es ist gut so, wie es gekommen ist. Ich war von ganzem Herzen dankbar und mit meinem Schicksal versöhnt. Ich stand noch einmal auf dem Hügel, nur dass ich ihn nun nie mehr verlassen würde.«

Wieder schwieg der Mann im Rollstuhl für einen Moment, bevor er weitererzählte. »Nach einer Weile kehrte ich zurück in die Welt um mich herum. Ich habe keine Ahnung, wie lange ich so dasaß. Es war für die anderen offensichtlich, dass ich gerührt war. Aber ich schämte mich nicht. Ich war mit allen Menschen versöhnt – selbst mit den Ärzten, die meine erste Operation vermasselt hatten. Ich war versöhnt mit mir und meinem Schicksal. Es war ein langer Weg gewesen … Ich schaute mich um. Jeder blickte mich offen an, diese Persönlichkeiten verstanden mich. Sie hatten offensichtlich ein gutes Gespür für das, was in mir vorging. Niemand wirkte mitleidig, ich sah nur Respekt und Freude in ihren Augen.

Zweierlei war geschehen: Erstens fühlte ich mich als ein Mitglied des Roundtable of Leaders. Das wäre noch heute Morgen undenkbar gewesen. Doch jetzt war es so, als wäre es das Natürlichste auf der Welt. Und zweitens wusste ich, dass ich die Aufgabe innerlich *bereits angenommen hatte*. Ich wusste, ich *muss* es tun. Vor meiner Reise nach innen wollte ich noch einwenden: ›Aber ich sitze im Rollstuhl, ich kann das nicht.‹ Jetzt hingegen wusste ich: Gerade durch meinen Unfall war ich auf diese Aufgabe vorbereitet worden. Ich teilte der Runde meinen Entschluss mit – der niemanden zu überraschen schien.

Dann übergab mir Marc McKane feierlich einen großen Umschlag. Darauf stand geschrieben:

Leading Simple

3 x 5

Es war klar, was ich in meinen Händen hielt: drei mal fünf Traktate, die Beschreibungen der fünf Aufgaben, der fünf Hilfsmittel und der fünf Prinzipien. Der Umschlag schien in meinen Händen zu brennen, enthielt er doch das vollständige System für jede wirkungsvolle Führung. ›Es ist nun auch Ihre Aufgabe‹, sagte Marc McKane, ›den Inhalt dieses Umschlags so vielen Menschen wie möglich zukommen zu lassen. Lassen Sie niemals nach in Ihren Anstrengungen. Vergessen Sie nie:

**Die Fähigkeit zu führen
ist der Unterschied zwischen Erfolg und Versagen,
es ist der Unterschied zwischen einem
erfüllten Leben und frustrierender Mittelmäßigkeit.‹**

Ich wurde offiziell in den Kreis der Roundtable-Leader aufgenommen, und dann hatte jeder Verständnis dafür, dass ich mich zurückziehen wollte, um mich endlich dem Inhalt des Umschlags zu widmen.«

Louis Berg lehnte sich zurück. Nun kannte die Führungscrew der Gruber AG seine Geschichte. Er sah in ihren Gesichtern, dass sie ihn verstanden. Und sie brannten darauf, nun endlich selbst zu erfahren, was sich in den Umschlägen verbarg.

Berg fuhr fort: »In dem Umschlag fand ich einen Brief und drei Umschläge, die jeweils fünf noch kleinere Umschläge enthielten und beschriftet waren mit ›Aufgaben‹, ›Hilfsmittel‹ und ›Prinzipien‹. Diese Traktate sind nun schon eine ganze Zeit in meinem Besitz. Ich habe die Inhalte schon einigen Firmen vorgestellt. Die Ergebnisse sind erstaunlich, fast unglaublich. Natürlich habe ich auch Harald Gruber über dieses System informiert. Er war begeistert. Ich freue mich, dass Sie bereit sind, dieses System kennenzulernen.«

Der Mann im Rollstuhl schlug vor, dass er zunächst den Brief vorlesen und anschließend Frau Salm, Frau Herzlich, Herrn Zucker, Herrn Specht und Herrn Wehrlich jeweils ein Traktat über eine Aufgabe geben würde. Die fünf stimmten zu und so begann er mit dem Brief:

Leader,

wenn Du diese Worte liest, ist Deine Entscheidung gefallen: In Deinem Herzen bist Du ein Leader.

Mit »Leading Simple« erhältst Du das System, das Dir Sicherheit gibt. Du lernst die entscheidenden Aufgaben kennen, die jeder erfolgreiche Leader erfüllt, die Hilfsmittel, die Du benutzen solltest, und die Prinzipien, nach denen Du Dich richten musst. Wenn Du trainierst, alle fünfzehn Traktate meisterhaft umzusetzen, wirst Du sehr wirkungsvoll führen.

Du hast eine zweite Sicherheit: Leading Simple ist vollständig. Du musst nicht nach weiteren Führungsaufgaben, Hilfsmitteln und Prinzipien suchen. Durch sie würdest Du nicht effektiver arbeiten. Im Gegenteil, nur wenn Du Dich mit diesem System begnügst, wirst Du wirkungsvoll sein.

Wenn Du die Traktate liest, wirst Du vieles wiedererkennen. Führung ist eine alte Kunst. Neu ist das System, aber es setzt sich aus teilweise uralten Bausteinen zusammen. Zu allen Zeiten hat es Menschen gegeben, die erfolgreich geführt haben. Doch dieses System ermöglicht es zum ersten Mal, dass jeder lernt, ein Leader zu sein.

Du hast gehört: Als Leader müssen wir uns auf das Tun konzentrieren. Freilich führt das Tun Dich zum Sein. Wenn Du Dich verändern willst, musst Du Deine Gewohnheiten ändern. Das ist der einzige Weg.

Geh verantwortungsvoll mit dem Wissen um, das Du hier findest. Werde der beste Leader, der Du sein kannst. Und teile das System mit anderen. Leg ein feierliches Versprechen ab, bevor Du diese Traktate liest: Informiere zwei weitere Personen über dieses System. Ein Leader behält Wissen niemals für sich. Wer ein erfolgreiches System nur für sich selbst nutzt, gleicht einem Menschen, der auf einer Leiter nach oben klettert und sie dann hinter sich wegzieht, damit ihm niemand folgen kann. Das ist kein echter Erfolg.

Wir wünschen Dir das erfüllte Leben eines Leaders. Du bist jetzt einer von uns.

Roundtable of Leaders

Louis Berg legte den Brief zur Seite. »Wie angekündigt werde ich Ihnen nun die Traktate über die fünf Aufgaben aushändigen. Können Sie sich noch an die Vorteile erinnern, die Aufgaben klar festzulegen?«

Die ersten drei Vorteile fielen ihnen sofort ein. Für den vierten mussten sie kurz auf das Kärtchen sehen, das der Mann im Rollstuhl ihnen gegeben hatte. Die Vorteile waren, dass Aufgaben:

- Arbeit messbar machen
- Kontrolle ermöglichen
- Sicherheit und Orientierung geben
- die Grundlage für jede Kommunikation sind

Berg nickte und schlug vor: »Bitte lesen Sie alles aufmerksam, und sorgen Sie dafür, dass jeder von Ihnen alle fünf bekommt. Überlegen Sie, wer außerhalb dieses Kreises die Traktate lesen sollte. Und dann tun Sie, was auch immer Sie für richtig halten. Folgen Sie der Stimme Ihres Herzens und handeln Sie. Ich schlage vor, wir treffen uns in genau zwei Wochen wieder – zu unserer üblichen Zeit.«

Der Mann im Rollstuhl verteilte fünf Schriftsätze und verabschiedete sich. Seine Zuhörer fingen an zu lesen. Sie verließen den Konferenzraum erst spät in der Nacht. Es hatte begonnen …

Teil II

Leading Simple: Das System

5. Die fünf Aufgaben

Es war Viertel nach neun und Louis Berg kam pünktlich in den Konferenzsaal. »Guten Morgen. Wie ist es Ihnen ergangen mit den fünf Traktaten, die Ihre Aufgaben als Leader beschreiben?« Er wurde herzlich begrüßt. Bereits seit Tagen fieberte die Gruber-Crew diesem Treffen entgegen.

Inge Salm konnte nicht still sitzen, aufgeregt lief sie im Raum umher: »Diese Traktate sind fabelhaft. Mir ist so viel klar geworden …« Die anderen stimmten ihr zu. Auch sie wussten, dass sich alles ändern würde, wenn sie diese fünf Aufgaben tatsächlich angehen würden.

Alfred Specht wandte sich an Berg: »Wir wollten sichergehen, dass wir das Wesentliche richtig verstanden haben. Darum haben wir die fünf Traktate jeweils zusammengefasst. Wollen Sie sich einmal die Zusammenfassung anhören?« Der Mann im Rollstuhl nickte. »Kontrolle ist wichtig«, sagte er lächelnd in Anspielung auf die Aufgabe von Alfred Specht als Controller. Alle lachten und der Controller rückte seine Brille zurecht und las laut vor:

DIE ERSTE AUFGABE:

Menschen fördern

Ein Leader sollte seine Mitarbeiter stets mit System fördern. Dieses System berücksichtigt, dass jeder Mensch vier Phasen durchlaufen kann und dass er in jeder Phase einen anderen Führungsstil benötigt. Die Phasen bestimmen sich danach, wie viel Kompetenz und Engagement der Mitarbeiter hat.

In der *ersten Phase* – geringe Kompetenz, hohes Engagement – gibt der Leader genau vor, was der Mitarbeiter tun muss. Er dirigiert.

In der *zweiten Phase* – etwas gestiegene Kompetenz, nachlassendes Engagement – muss der Leader mit dem Mitarbeiter trainieren, Ziele zu setzen, und das Erreichen dieser Ziele kontrollieren.

In der *dritten Phase* – hohe Kompetenz, unbeständiges Engagement – muss der Mitarbeiter gefordert werden.

In der *vierten Phase* – hohe Kompetenz, hohes Engagement – kann der Leader delegieren und Verantwortung abgeben.

DIE ZWEITE AUFGABE:

Den Unternehmenszweck erfüllen

Der wichtigste Zweck einer Firma ist es, Gewinn zu erzielen. Damit ist klar, warum der Leader von seiner Firma eingestellt wurde – er soll den Gewinn mehren. Dafür muss er zum einen dazu beitragen, Kosten zu sparen. Er sollte die Mitarbeiter belohnen, denen das gelingt. Zum anderen muss er dazu beitragen, den Umsatz zu erhöhen, indem er an der Firmenidee arbeitet und Kunden zu Fans werden lässt. Der Leader muss eine Gewinnkultur schaffen, die beides berücksichtigt.

DIE DRITTE AUFGABE:

Systeme schaffen

Ein Leader sollte Systeme schaffen, wann immer es geht. Er muss dann weniger direkt führen; denn jeder Mitarbeiter kennt seine Aufgaben. Der Leader sorgt selbst für seine Entbehrlichkeit und ist bereit für neue Aufgaben.

Um mit wirkungsvollen Systemen zu arbeiten, fragt der Leader zunächst: Welche Prozesse benötige ich, um die Unternehmensidee umzusetzen? Dann muss er ein passendes System entwickeln. Als Nächstes muss er nach Mitarbeitern suchen, deren Stärken in dem System wertvoll sind. Schließlich sollte er ein Handbuch mit allen Prozessen und Systemen anlegen, die wichtig sind.

DIE VIERTE AUFGABE:

Delegieren

Ein Leader darf nicht die Aufgaben seiner Mitarbeiter übernehmen, vielmehr muss er ihnen Arbeiten übertragen. Nur so gelingt es ihm, fünfzig Prozent seiner Zeit für Unvorhergesehenes freizuhalten. Er weiß, dass er nur dann genügend delegiert, wenn seine Mitarbeiter mehr arbeiten als er. Dabei muss er aufpassen, dass er nicht Aufgaben an Mitarbeiter delegiert, die dafür überqualifiziert sind. Er darf auch nicht zulassen, dass weiterdelegiert wird.

Ein Leader wird sich immer wieder fragen, welche Arbeiten er delegieren kann – und an wen. Dem jeweiligen Mitarbeiter wird er seine Aufgabe schildern, ihm die nötigen Vollmachten geben und einen Kontrolltermin setzen.

DIE FÜNFTE AUFGABE:

Kontrollieren

Die ersten vier Aufgaben sind ohne Kontrolle nicht denkbar. Damit Kontrolle nicht Angst verbreitet, sondern als unverzichtbare Hilfe erkannt wird, muss sie nach einem transparenten System erfolgen.

Kompetenz wird durch schriftliche Berichte kontrolliert, die der Mitarbeiter regelmäßig verfasst, und durch Stichproben, wobei die Beurteilung nach vorher vereinbarten, klar messbaren Kriterien erfolgt.

Um das Engagement zu beurteilen, macht der Leader sich Notizen zum konkreten Verhalten des jeweiligen Mitarbeiters. Er urteilt auf der Grundlage der Prinzipien der Firma und nach seiner subjektiven Einschätzung. Leader geben immer ein schnelles Feedback.

Alfred Specht legte die Blätter auf den Tisch und blickte gespannt zu Louis Berg. Als dieser zustimmend in die Hände klatschte, entspannte sich Herr Specht sichtbar. Der Mann im Rollstuhl sagte: »Ich bin begeistert, und zwar aus zwei Gründen: Einmal ist Ihnen eine wirklich hervorragende Zusammenfassung gelungen. Alle wichtigen Punkte der fünf Aufgaben sind enthalten. Eine solche Zusammenfassung ersetzt natürlich nicht die vollständigen Traktate. Denn erst wenn jemand diese in voller Länge gelesen hat, wird er die Zusammenfassung vollkommen verstehen. Aber Sie haben bewiesen, dass Sie verstanden haben, worauf es ankommt. Außerdem können Sie diese zwei Blätter immer wieder schnell überfliegen. Die Traktate in voller Länge zu lesen ist nicht immer möglich.«

Die Leader nickten. Louis Berg fuhr fort: »Ich werde Ihnen außerdem noch fünf Karten geben – auf denen Sie ebenfalls eine Zusammenfassung finden. Sie ist nicht ganz so knapp wie Ihre, aber trotzdem wesentlich kürzer als die Traktate. Sie haben damit drei Möglichkeiten, um sich auf Ihre Aufgaben vorzubereiten. Wenn die Zeit knapp ist, überfliegen Sie Ihre Zusammenfassung. Wenn Sie sich auf eine konkrete Aufgabe vorbereiten, lesen Sie die jeweilige Karte. Und von Zeit zu Zeit lesen Sie in ruhigen Stunden einzelne Traktate ganz. Sie werden jedes Mal etwas Neues entdecken.«

Louis Berg lächelte schelmisch: »Doch ich freue mich noch aus einem ganz anderen Grund. Ich plane ein Hörbuch über alles, was ich Ihnen erzählt habe, und über unsere Treffen. Dabei bin ich an einem Problem hängen geblieben: Ich will nicht nur den Kopf meiner Leser ansprechen, sondern auch ihr Herz. Darum erzähle ich meine Geschichte. Mir kam es so vor, als gäbe es in dem Buch einen Bruch, wenn an dieser Stelle die fünf vollständigen Traktate folgen würden. Die Traktate sind wichtig und tiefgründig – aber sie sprechen den Leser nicht emotional an. Deswegen würde ich lieber erst meine Geschichte zu Ende erzählen. Andererseits will ich aber meinen Lesern den Inhalt der Traktate nahebringen. Herr Specht, Sie haben mir nun mit Ihrer Zusammenfassung die Lösung gezeigt: Ich überlasse dem Leser die Entscheidung. Er kann zuerst die Geschichte lesen und sich, was das Leading-Simple-System betrifft, zunächst mit den Kurzfassungen auf den Kärtchen begnügen. Wer es gleich genau wissen will, der kann sich in Teil IV ab Seite 133 die Traktate und zudem die Arbeitskarten ansehen und danach die Geschichte weiterlesen. Herr Specht, ich danke Ihnen für diese Lösung.«

Alfred Specht streichelte sichtlich stolz über sein Bärtchen. Dann sagte er: »Wir haben noch etwas getan. Wir haben die Fragen notiert, die wir nicht beantworten können. Soll ich sie vorlesen?«

»Ich bitte darum«, antwortete Louis Berg. »Ich freue mich, dass Sie sich so gründlich auf unser Treffen vorbereitet haben.«

Herr Specht sagte fast entschuldigend: »Einer von uns hat Zweifel, dass dies schon *alle* Führungsaufgaben sein sollen. Muss ein Leader zum Beispiel nicht auch Visionen vermitteln und motivieren? Die zweite Frage: In den Traktaten wird immer wieder die Wichtigkeit von

Systemen betont. Werden Menschen durch solche starren Systeme nicht zu Robotern? Und besteht nicht die Gefahr, Mitarbeiter zu überfordern? Was ist, wenn jemand diesem System nicht folgen will? Und zum Schluss eine Frage von mir: Wann sollen wir beginnen? Es dauert doch lange, bis wir das System perfekt beherrschen.«

Die Fragen zeigten Louis Berg, dass sich die Führungscrew der Gruber AG sehr ernsthaft mit den Traktaten auseinandergesetzt hatte. Seine Freude darüber war nicht zu übersehen. Dann schlug er etwas vor, womit sie nicht gerechnet hatten: »Möchten Sie eine Firma kennenlernen, deren Führung auf diesen fünf Aufgaben basiert? Dort können Sie die Antworten auf Ihre Fragen finden. Einige Leader dort haben sich vor einiger Zeit mit ähnlichen Fragen beschäftigt. Darum können sie Ihnen wertvolle Hilfen geben.«

Natürlich wollten sie. »Gut. Ich schlage vor, wir treffen uns das nächste Mal um Viertel nach zwei im Konferenzraum der Firma Eisen & Co. Man wird Sie dort bereits erwarten. Die genaue Adresse habe ich Ihnen notiert. Bitte planen Sie für die Fahrt ungefähr drei Stunden ein. Ach, noch etwas: Sie werden eine wirklich außergewöhnliche Firma und fantastische Leader erleben.«

6. Warum Motivation von innen kommen muss

Die fünf Vorstandsmitglieder der Gruber AG trafen pünktlich bei Eisen & Co. ein. Sie wurden in den Konferenzraum geführt. Sofort fiel ihnen ein ziemlich schräger Stoffaffe auf, der auf dem Präsentationsmonitor saß. Das Plüschtier erinnerte sie sofort an das Traktat übers Delegieren. Dort werden Aufgaben mit Affen verglichen. Jeder ist für seine eigenen Affen verantwortlich. Einem Mitarbeiter zu helfen bedeutet nicht, dessen Affen zu übernehmen. Viele Leader können nicht richtig delegieren, darum sind sie ständig überarbeitet. Alle fünf hielten das Stofftier auf dem Monitor für eine gute Gedächtnisstütze.

Dann kamen Louis Berg und eine etwa vierzigjährige Frau herein, die offen und menschlich, gleichzeitig aber auch bestimmt wirkte. Sie hatte offensichtlich gute Laune und begrüßte sie freundlich: »Ich bin Sabine Mattis, die Geschäftsführerin dieser Firma. Herzlich willkommen. Freunde von Louis Berg sind auch meine Freunde. Unser Unternehmen hat ihm viel zu verdanken. Vor einiger Zeit hatten wir eine gewaltige Krise. Glücklicherweise lernte ich damals Louis kennen, der mir dann die fünfzehn Traktate gegeben hat. Ohne ihn gäbe es uns heute nicht mehr. Ich kann Ihnen gar nicht sagen, wie dankbar ich ihm bin.«

Manuela Herzlich fragte verwundert: »Sie meinen, diese Traktate haben Sie vor dem Konkurs gerettet? Aber hier geht es doch nur um Führung. Wie kann das Leading-Simple-System über Sein und Nichtsein eines ganzen Unternehmens entscheiden? Ihre Firma scheint nicht gerade klein zu sein.«

Sabine Mattis lächelte freundlich: »Wir haben über 6000 Mitarbeiter, es ist jedoch keine Frage der Größe. Heute verändert sich alles sehr schnell. Kaum ist das Personal fachlich gut eingearbeitet, da kommen schon neue Verfahren auf den Markt. Fachliche Kompetenz ist zwar immer noch wichtige Voraussetzung, bedeutet aber nicht mehr den *Unterschied.* Innovationen, Marketingstrategien, alles wird innerhalb von wenigen Monaten von der Konkurrenz kopiert. Heute entsteht der Unterschied durch *Menschen.* Die Firmen haben die Nase vorne, denen es gelingt, *konsequent auf Stärken zu setzen.* Und nur ein System wie Leading Simple ermöglicht es, Stärken zu erkennen und konsequent zu fördern.«

»Jetzt verstehe ich den roten Faden in den Traktaten«, warf Manuela Herzlich aufgeregt ein. »Es geht darum, die Stärken von Menschen zu finden und zu fördern.«

»Nicht nur von Menschen«, ergänzte die Geschäftsführerin. »Es geht auch darum, die Stärken des Unternehmens herauszufinden, seine stärksten Produkte, seine besten Systeme, seine Positionierung. Aber immer ist Leading Simple der Schlüssel. Ohne ein solches Führungssystem bleibt die Entdeckung und Förderung von Stärken dem Zufall überlassen. Ich glaube, das wird alles viel klarer, wenn Sie die fünf Traktate über die Hilfsmittel erhalten.«

Vom Gang her drangen plötzlich laute Schreie in den Konferenzraum. Es klang wie das Jubeln nach einem Tor. Dann ertönte lauter Gesang. Tatsächlich, irgendjemand sang laut und nicht besonders schön. Die Leitenden der Gruber AG schauten Sabine Mattis fragend an. Aber die schien überhaupt nicht irritiert. Im Gegenteil, sie grinste breit. Auch Louis Berg schien nicht überrascht. Frau Mattis bat, den Sänger in den Konferenzraum zu bringen. Der kam auch sofort, es handelte sich um einen kleinen, untersetzten Mann. Man sah ihm an, dass er nur schwer davon Abstand nehmen konnte, weiter zu singen. Die Geschäftsführerin bat ihn, sich vorzustellen.

»Gern«, sprudelte es aus dem Mann heraus, der sich als Ulli vorstellte. »Das Leben ist schön. Wuuunderschööööön.«

Sabine Mattis fand, dass sie es vielleicht besser übernehmen sollte, sein Verhalten zu erklären: »Also, der Ulli hatte eine Idee, die der Firma viel Geld spart. Dafür hat er einen Bonus von 5900 Euro bekommen, und das hat er gerade erfahren. Wir sind stolz auf ihn.« Kaum hatte Ulli den Raum verlassen, hörte man ihn draußen wieder singen.

Eberhard Wehrlich zeigte Verständnis: »Wenn ich 5900 Euro bekommen würde, dann würde ich auch singen.«

»Oh, oh ... ich glaube, so ein System hat nicht nur Vorteile«, unkte Gottfried Zucker. »Aber im Ernst, als Buchhalter muss ich fragen: Sollte sich eine Firma so großzügige Belohnungen leisten?«

Sabine Mattis erklärte geduldig: »Durch Ullis Idee spart die Firma pro Jahr 59000 Euro. Da fällt es uns nicht schwer, ihm zehn Prozent dieser Summe zu geben. Und was glauben Sie, wie er und seine Kollegen sich jetzt ins Zeug legen, um weitere Einsparmöglichkeiten zu finden!«

»Sie tun tatsächlich alles, was in den Traktaten steht?«, fragte Alfred Specht.

Sabine Mattis antwortete ernst: »Alles, aber auch *nicht mehr*. Das System ist in sich vollständig. Louis sagte mir, dass Sie einige Fragen aufgeschrieben haben. Ich freue mich auf Ihre Fragen und beantworte sie gern.«

»Sie sind bereits bei unserem ersten Thema«, warf Gottfried Zucker ein: »Muss man als Leader nicht doch *mehr* tun, als nur diese fünf Aufgaben erfüllen? Sollte man nicht Visionen vermitteln und motivieren?«

»Ich werde gleich auf Visionen und Motivation eingehen«, versicherte die Geschäftsführerin. »Aber erlauben Sie mir ein Wort zuvor. Die meisten Menschen wollen ein System nur annehmen, wenn es furchtbar kompliziert erscheint. Das ist vollkommen falsch. Das genaue Gegenteil ist richtig: *Ein gutes System muss einfach sein*. Haben Sie eine Vorstellung, warum?«

Manuela Herzlich sagte impulsiv: »Weil nur ein einfaches System duplizierbar ist. Ein System, das nicht alle verstehen, ist überhaupt kein System, sondern graue Theorie.«

Frau Mattis gab ihr recht und ergänzte: »Und irgendjemand muss sich Arbeit damit machen – entweder die Anwender einer Idee, weil sie nicht vereinfacht wurde, oder der Erfinder, indem er so lange vereinfacht, bis ein System entstanden ist, das *jeder* anwenden kann. Wenn eine Idee nicht ausreichend vereinfacht wurde, ist sie noch nicht ausreichend durchdacht.«

Manuela Herzlich verdrehte die Augen: »Dazu fällt mir ein Beispiel ein. Fast alle Gebrauchsanweisungen sind wenig hilfreich und für Laien kaum verständlich. Sie sind nicht ausreichend durchdacht und damit hat der Kunde die Mühe. Ich habe vor Kurzem fast drei Stunden gebraucht, um einen Tisch für meinen Sohn zusammenzubauen.« Alle mussten lachen.

Die Geschäftsführerin von Eisen & Co. ergriff wieder das Wort: »Aber ich möchte Sie warnen. Leading Simple ist zwar leicht zu verstehen, aber nicht immer leicht umzusetzen. Das hat zwei Gründe. Erstens haben Sie es mit Menschen zu tun, und die sind verschieden, und auch die Situationen sind verschieden. Zweitens benötigen Sie Disziplin. Doch zurück zu Ihrer Frage: Ja, das System ist *vollständig*. Das können Sie eindeutig erkennen, wenn Sie das ganze System kennen. Louis, es stimmt doch, dass sie die Hilfsmittel und Prinzipien noch nicht kennen?«

Louis Berg nickte. Sabine Mattis fuhr fort: »Kommen wir zu den Visionen. Bei *allem*, was wir tun, haben wir unsere Vision im Auge. Das ergibt sich aus der zweiten Aufgabe. Wir sollen den Unternehmenszweck erfüllen, allerdings betrifft das jeden, nicht nur die Leader.«

Eberhard Wehrlich fragte: »Kann man sagen, wenn ein Einzelner von Visionen erzählt, ist das lange nicht so wirkungsvoll, wie wenn alle Mitarbeiter sich an der Vision orientieren?«

»Stimmt genau«, nickte Sabine Mattis. »Es funktioniert nicht, dass ein Mann auf einem weißen Pferd durch die Firma reitet und allen eine Vision schenkt. Wenn die nach einiger Zeit in den Köpfen der Mitarbeiter verblasst, steigt er wieder auf sein weißes Pferd. Wer so führt, erzeugt Abhängigkeiten.«

Ihre Zuhörer waren beeindruckt, wie klar sie sich ausdrückte. Herr Wehrlich notierte:

Die Visionen der Firma zu beachten ist nicht die Aufgabe eines Einzelnen, sondern die aller Mitarbeiter. Wer den Unternehmenszweck kennt und erfüllt, behält die Visionen automatisch im Auge.

Nachdenklich bat Manuela Herzlich: »Ich verstehe das. Aber können Sie uns einen Tipp geben, wie wir erreichen, dass jeder Mitarbeiter die Visionen der Firma im Auge behält?«

»Das ist in der Tat nicht von heute auf morgen zu erreichen«, räumte Sabine Mattis ein. »Mit dem Kopf ist eine Vision schnell nachzuvollziehen. Aber wenn Ihre Mitarbeiter die Vision auch emotional erfassen sollen, ist mehr notwendig. Dann müssen Sie zwei wichtige Fragen beantworten können.«

Gespannt blickten die fünf die Frau an. Sie stand auf und schrieb an das Flipchart:

Was trägt deine Firma dazu bei, dass die Welt ein besserer Ort wird?

Verdutzt sahen ihre Zuhörer einander an. Inge Salm fasste sich als Erste: »Das ist aber eine schwere Frage. Wie beantworten Sie die denn in Ihrer Firma Eisen & Co?«

Sabine Mattis Augen leuchteten vor Leidenschaft. »Ohne Eisen geht gar nichts. Kein Haus könnte gebaut werden. Kein Auto, kein Flugzeug – ja keine Maschine hergestellt werden. Denken Sie das Eisen weg und es gibt keinen Fortschritt. Wir ermöglichen den Menschen ein lebenswertes, angenehmes Dasein.«

»Wow«, entfuhr es Eberhard Wehrlich. »Das stimmt wirklich. Man spürt, dass Sie das leben. Sie machen die Welt zu einem besseren Ort.«

»Gilt das für jede Firma? Kann jede Firma diese Frage positiv beantworten?«, erkundigte sich Inge Salm.

Die Geschäftsführerin antwortete: »Es gibt ganz wenige Branchen, die nicht stolz auf sich sein können. Für die meisten gilt: Man muss nur nachdenken. Dabei geht es um *das Verständnis* der Produkte und der Arbeit. Dann begreift man, dass fast nichts sinnlos ist.«

Nun wandte sich Louis Berg an die Gruber-Führungscrew: »Es ist Ihre Aufgabe als Leader, diese Frage zu beantworten. Liefern Sie Ihren Mitarbeitern Argumente, warum Ihre Firma die Welt verbessert. Und dann helfen Sie ihnen mit der zweiten, entscheidenden Frage.«

Sabine Mattis schrieb sie auf das Flipchart:

Wie passt mein Job in das große Bild?

Louis Berg fuhr fort: »Wenn Ihre Mitarbeiter verstehen, warum die Welt durch diese Firma zu einem besseren Ort wird, können sie entscheiden, ob sie sich damit identifizieren wollen. Und wenn sie diese bewusste Entscheidung treffen, dann werden sie stolz auf ihr Unternehmen sein. Und wenn sie begreifen, wie wichtig ihr persönlicher Job ist, damit die Welt durch die Firma zu einem besseren Ort wird, dann entwickeln sie Stolz auf sich selbst.«

Inge Salm brachte es auf den Punkt: »Der Zweck eines Unternehmens ist es, Gewinn zu erwirtschaften. Dazu muss jeder Mitarbeiter seinen Beitrag leisten. Aber das fällt allen viel leichter, wenn sie verstehen, dass erstens die Welt durch ihre Firma zu einem besseren Ort wird und wie wichtig zweitens ihr eigener Anteil daran ist. Wer diese beiden Überzeugungen hat, der trägt die Vision seiner Firma in seinem Herzen.«

Sabine Mattis nickte bestätigend: »Das haben Sie vortrefflich zusammengefasst. Wer die Vision seiner Firma in sich trägt, der ist Teil der Firma geworden. Solch einen Mitarbeiter muss niemand mehr motivieren.«

Und Alfred Specht ergänzte: »Ich bin mir nicht sicher, ob es passt. Aber mir fällt die Geschichte von Alice im Wunderland ein. Die Katze fragt Alice: ›Wohin gehst du?‹, das Mädchen antwortet: ›Weiß nicht!‹ Worauf die Katze sagt: ›Dann ist es egal, welchen Weg du nimmst!‹ Das heißt für mich: Jeder Mitarbeiter muss die Vision und das Ziel seiner Firma kennen, sonst kann er seinen Weg nicht finden.«

Die Geschäftsführerin fand das Beispiel sehr treffend. Dann kam sie zum nächsten Punkt: »Da wir gerade über Motivation sprechen: Sie kann nur durch *Worte* oder durch *Handlungen* erfolgen. Was glauben Sie wohl, was wirkungsvoller ist? Frau Herzlich hat es vorhin ja schon auf den Punkt gebracht: *Wir fördern Stärken*. Das tun wir nicht zufällig und sporadisch, sondern *systematisch*. Wir tun es immer, wir tun es bei allem, was wir tun. Das hat Louis uns mit der ersten Aufgabe beigebracht. Deshalb kann jeder die vierte Phase – hochkompetent *und* hochgradig engagiert zu sein – erreichen und zu einem autonom handelnden Mitarbeiter werden. Das motiviert.

Aber das ist noch nicht alles: Wir erfüllen gleichzeitig den Unternehmenszweck – unsere zweite Aufgabe. Wie wir gerade besprochen haben, motiviert es unsere Mitarbeiter, Teil einer fantastischen Firma zu sein. Und so kann ich mit den anderen drei Aufgaben fortfahren. Im Ergebnis heißt das: Wir glauben, dass Motivation sich aus allen fünf Aufgaben ergibt.«

Sie sah zu Louis Berg hinüber. Dieser nickte bekräftigend und sagte: »Viele Modeworte und Modelle geistern durch die Managementliteratur. Oft handelt es sich um leere Worthülsen. Tausende von Managern versuchen, blanke Theorien ohne Sinn und Praxisbezug umzusetzen. Dabei versäumen sie es, das wirklich Wichtige zu tun: nämlich die fünf Aufgaben zu erledigen. Sie haben hier ein vollständiges System, der Erfolg wird Sie begeistern.«

Sabine Mattis fiel ihm ins Wort: »Und wie er begeistert. Wir wollten zunächst nur unsere Firma retten, aber inzwischen sprudeln die Gewinne. Ich glaube, Sie haben noch weitere Fragen. Doch heute ist Mittwoch, und jetzt ist es kurz vor drei. Da habe ich immer meine persönlichen Gespräche terminiert. Ich darf meine Mitarbeiter nicht warten lassen – sie haben ein Recht auf pünktliches Feedback. Sie ahnen übrigens nicht, wie sehr *das* motiviert. Ich werde Herrn Lustig bitten, zu Ihnen zu kommen. Er ist mein Stellvertreter und sehr kompetent, Ihre Fragen zu beantworten.« Sie verabschiedete sich und verließ den Raum.

7. Der Wert von Systemen

Bald darauf erschien Herr Lustig. Man sah ihm den Profisportler an, der er einmal gewesen war: Er war mindestens zwei Meter groß, ein echter Hüne, offensichtlich immer noch durchtrainiert, und er schien vor Energie zu platzen. Als er Louis Berg sah, umarmte er ihn herzlich. Es war schon erstaunlich, wie viele Menschen diesen Mann im Rollstuhl respektierten und mochten.

Louis Berg wandte sich an die Vorstandsmitglieder der Gruber AG: »Sie haben großes Glück. Niemand kann Ihre zweite Frage besser beantworten als Manfred Lustig.« Der kam gleich zur Sache, das schien so seine Art zu sein: »Welche Frage kann ich Ihnen beantworten?«

Alfred Specht musterte ihn zunächst eingehend: »Die Traktate betonen Systeme so stark. Wir fragen uns: Werden Menschen durch Systeme nicht zu Robotern?«

Herr Lustig lachte dröhnend. »Ich war Volleyballprofi, und gar kein schlechter. Unser Spiel lebte vom System. Trotzdem mussten wir flexibel sein, wenn etwas Unvorhergesehenes geschah. Wer kein System hat, bei dem regiert das Chaos, aber wer ein System hat, muss dennoch flexibel bleiben. Allerdings gibt es eine wichtige Unterscheidung: Wir sprechen von Systemen, nicht von Regeln. Starre Regeln schaffen Roboter.«

»Ich verstehe den Unterschied nicht ganz«, hakte Herr Wehrlich nach.

Manfred Lustig erklärte: »Regeln werden in der Regel um der Regeln willen eingehalten. *Bei Systemen geht es darum, Ergebnisse zu er-*

zielen. Ergebnisse sind das Ziel, die Systeme sind der Weg dorthin.« Nach einer kurzen Pause ergänzte er: »Systeme bilden den Boden für Ergebnisse, nicht die Decke.«

»Darf ich eine Frage stellen, die nicht auf dem Blatt steht?«, platzte Manuela Herzlich heraus. Ohne eine Antwort abzuwarten, fuhr sie fort: »Wir hören die ganze Zeit davon, wie wichtig Systeme sind. Und vieles davon habe ich auch verstanden: Nur Systeme kann man duplizieren, sie führen eine Idee zum Erfolg, sie sind von Personen unabhängig, Systeme kann jeder verstehen usw. Aber irgendwie habe ich das Gefühl, mir fehlt *noch etwas Entscheidendes* für mein Verständnis.«

Manfred Lustig sprang auf: »Ich danke Ihnen für diese Frage, sie berührt mein Lieblingsthema. Es ist in der Tat äußerst wichtig, die Bedeutung von Systemen *genau* zu verstehen. Ich will es Ihnen aus einem anderen Blickwinkel erklären. Dazu eine Frage: Was halten Sie für die entscheidende Voraussetzung von Vertrauen?«

Eberhard Wehrlich meldete sich: »Das ist doch klar: Eine hervorragende Leistung.«

»Ich weiß nicht«, entgegnete Alfred Specht. »Eine gute Leistung schafft nur so lange Vertrauen, solange sie immer wieder erbracht wird. Also reicht Leistung allein nicht aus. Sie muss *beständig* sein.«

Manfred Lustig klopfte Herrn Specht anerkennend auf die Schulter. Sofort lief dieser dunkelrot an. Herr Lustig sah ihn besorgt an, doch Manuela Herzlich erklärte schnell: »So sieht er immer aus, wenn er sich freut.«

»Okay«, sagte Manfred Lustig, aber er wirkte immer noch skeptisch. »Die Antwort war jedenfalls Gold wert, so wichtig wie olympisches Gold. Das war das entscheidende Stichwort: Die Voraussetzung für Vertrauen ist *Beständigkeit.* Sie dürfen Menschen nie enttäuschen, weder Ihre Kunden noch Ihre Mitarbeiter. Jene erwarten von Ihnen eine *beständige* Leistung, diese wollen *beständig* ihre Erwartungen erfüllt sehen.«

»Ich glaube, das stimmt«, sagte Eberhard Wehrlich. »Ich esse gern, wie man sieht. Es gibt fünf Restaurants in unserer Nähe, davon besuche ich seit einiger Zeit nur noch drei. Der Grund: Die Qualität des Essens verdient bei diesen drei zwar keine Höchstpunktzahl, sondern entspricht nur gutem Durchschnitt. Aber den Standard erfüllen sie *immer*. Bei den anderen zwei Restaurants ist es eher Glückssache, wie es an einem bestimmten Tag schmeckt. Auf solche Überraschungen habe ich keine Lust.«

Manfred Lustig breitete beschwörend die Arme aus: »Jetzt haben wir also den Matchball, den Punkt, der alles entscheidet.« Und er notierte ans Flipchart:

Beständigkeit schafft Vertrauen.

Dann fuhr er fort: »Das ist im Umgang mit Kindern so, in der Partnerschaft, mit Kunden und Mitarbeitern. Wenn Beständigkeit so wichtig ist, dann müssen wir überlegen, wie wir diese Beständigkeit *garantieren* können. Sie ahnen die Antwort bereits, nicht wahr?«

Manuela Herzlich tippte sich an die Stirn: »Na klar. Um beständig sein zu können, brauchen wir ein System.«

Manfred Specht bekräftigte feierlich:

»Nur ein gutes System erlaubt uns, beständig eine bestimmte Minimumleistung zu erbringen.«

Dann erläuterte er seinen Gedanken. »Man kann ohne Übertreibung sagen: Der erste Verkauf ist eine Vertriebsleistung, der Folgekauf eine Systemleistung. Ein Kunde kauft nur dann wieder bei Ihnen, wenn er darauf vertraut, dass Sie regelmäßig eine gewisse Leistung erbringen.«

Nun schaltete sich Eberhard Wehrlich ein: »Ich versuche das einmal mit meinen Worten zu sagen. Unsere Kunden und unsere Mitarbeiter vertrauen uns langfristig nur, wenn wir wirkungsvolle Systeme haben. Denn nur Systeme gewährleisten ein Mindestmaß an Beständigkeit. Und ohne Beständigkeit geht Vertrauen verloren. Das bedeutet wiederum, dass wir mit niemandem zusammenarbeiten können, der nicht mit unserem System arbeiten will. Wir könnten keine Beständigkeit garantieren und würden Gefahr laufen, Vertrauen zu verlieren.«

Louis Berg und Manfred Lustig nickten. Dann sagte der Zwei-Meter-Mann: »Ich habe vor einiger Zeit von Louis ein Kärtchen bekommen. Darauf ist der Wert von Systemen übersichtlich zusammengefasst. Sehen Sie.«

Der Wert von Systemen

Idee

↓

vereinfachen

↓

System + 1 Prozent = ständige Verbesserung

↓

garantiert beständige Minimalleistung

↓

Vertrauen

↓

Umsatz

Als alle das Kärtchen gelesen hatten, meldete sich Inge Salm: »Die Übersicht ist sehr hilfreich. Aber als Marketingexpertin suche ich immer einen Slogan. Erst ein guter Slogan zeigt mir, dass ich etwas vollkommen verstanden habe. Was halten Sie von ›Leading Simple schafft Vertrauen‹?« Alle fanden den Slogan treffend und gratulierten ihr.

Manuela Herzlich bedankte sich überschwänglich bei dem ehemaligen Volleyballspieler. Aber auch die anderen hatten es zum ersten Mal wirklich verstanden: Systeme schaffen Vertrauen, weil nur durch sie beständig das wichtige Minimum an Leistung erbracht werden kann.

Manfred Lustig schlug nun den Bogen zurück: »Sie haben mich eingangs gefragt, ob Menschen durch Systeme nicht zu Robotern werden. Sie haben jetzt gesehen, dass ohne Systeme *nach außen* kein Vertrauen zu gewinnen ist. Aber wie verhält es sich *nach innen?* Was glauben Sie: Warum sollten Sie ein System nutzen, um auch Ihre Mitarbeiter zu fördern?«

Inge Salm riet: »Weil unsere Mitarbeiter sonst kein Vertrauen in uns Leader haben können?«

»Volltreffer«, lobte der Hüne. »Wieder ein Matchpunkt. Ohne ein System können Sie Ihre Mitarbeiter nicht beständig fördern. Und nur Beständigkeit schafft Vertrauen. Jeder Mitarbeiter fragt sich: Will mein Chef mich wirklich fördern? Einzelne Aktionen werden ihn nicht überzeugen. Um Vertrauen zu entwickeln, bedarf es eines Systems, mit dem der Einzelne beständig gefördert wird.«

Eberhard Wehrlich sagte nachdenklich: »Ich habe lange über das erste Traktat nachgedacht. Ich frage mich: Muss ich wirklich fordern, wenn ich fördern will? Verlange ich nicht zu viel von meinen Mitarbeitern?«

»Was wäre die Alternative?«, gab Manfred Lustig zurück. »Nicht fordern hieße unterfordern. Wer einen Mitarbeiter unterfordert, macht ihn unglücklich und beleidigt ihn. Er raubt ihm sein Selbstbewusstsein und vermittelt ihm das Gefühl: ›Du bist dein Geld nicht wert, du bestiehlst die Firma!‹ Nichts demotiviert gründlicher, als etwas für nichts zu bekommen.«

»Harte Worte«, entfuhr es dem Lagerleiter.

»Tiefe Überzeugung!«, erwiderte der Zwei-Meter-Mann. »Aber ich habe Ihre Frage noch nicht vollständig beantwortet. Gesagt habe ich schon: Ihre Mitarbeiter haben ein Recht darauf, nicht *unter*fordert zu werden.«

»Ja, das ist sehr deutlich geworden ...«, bestätigte der Lagerleiter lächelnd.

»Der zweite Teil ist genauso wichtig«, fuhr der Hüne fort. »Sie dürfen sie auch nicht *über*fordern. Wer seine Mitarbeiter überfordert, erzeugt Stress und macht sie buchstäblich krank.«

Inge Salm seufzte laut: »Jetzt wird es schwierig. Wie soll ich das richtige Maß finden? Wenn ich unterfordere, zerstöre ich Selbstbewusstsein, wenn ich überfordere, wird der Mitarbeiter krank.«

Manfred Lustig antwortete: »Eben weil es diese beiden Gefahren gibt, brauchen Sie ein System. Wenn Sie glauben, das aus dem Bauch heraus entscheiden zu können, werden Sie ständig unter- oder überfordern.«

Noch etwas skeptisch erkundigte sich Inge Salm: »Und das System des ersten Traktates kann das leisten?«

»Absolut!« Manfred Lustig war sich seiner Sache sicher, in seiner Stimme schwang tiefe Überzeugung. »Erinnern wir uns: Sie stellen fest, in welcher der vier Phasen sich Ihr Mitarbeiter befindet. Dafür messen Sie seine Kompetenz und sein Engagement. Je nachdem, in welcher Phase er ist, geben Sie ihm leichtere oder verantwortungsvollere Aufgaben.«

Der Hüne sah, dass seine Worte in ihren Köpfen arbeiteten. Er ging an das Flipchart und erstellte mit schnellen Strichen eine Grafik:

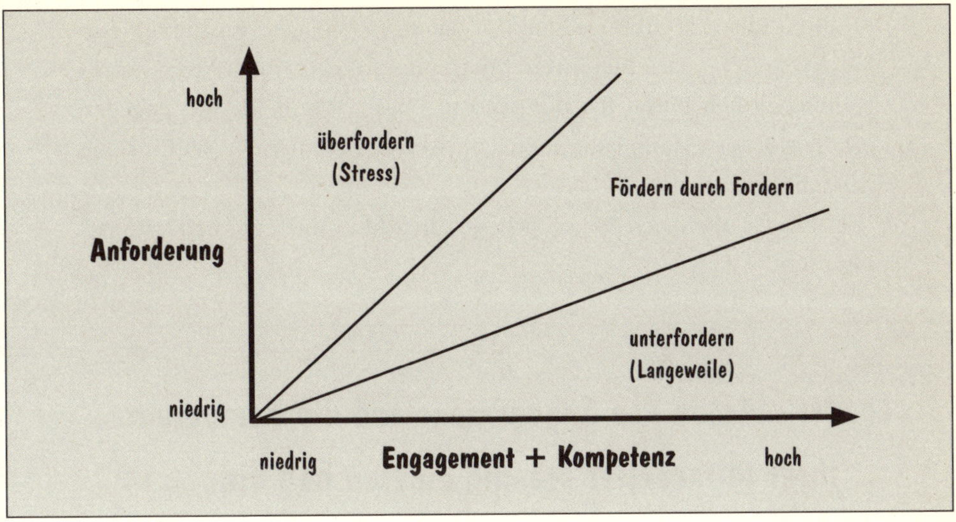

Nachdenklich betrachteten die fünf die Grafik. Eberhard Wehrlich räusperte sich: »Erlauben Sie mir einen Vorschlag?«

»Natürlich«, antwortete Manfred Lustig.

»Es würde mir helfen, die vier Phasen in diese Grafik zu integrieren. Etwa so …« Er ging an das Flipchart und ergänzte:

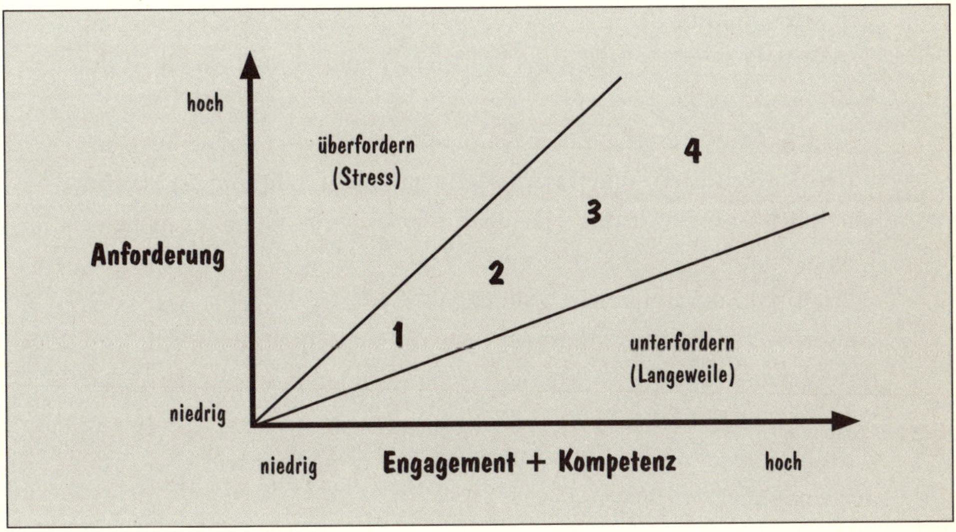

Manfred Lustig strahlte. »Genau!«, rief er voller Begeisterung. »Wenn Sie feststellen, dass Sie Ihren Mitarbeiter öfter unterfordern, ist er wahrscheinlich bereit für die nächste Phase. Wenn Sie ihn dagegen oft überfordern, dann ist er möglicherweise noch nicht bereit für seine Aufgabe …«

Eberhard Wehrlich freute sich sichtlich über das Lob. Er fasste zusammen:

»Leader müssen das Engagement und die Kompetenz ihrer Mitarbeiter ständig messen und die Aufgaben entsprechend verteilen. So wird längerfristige Überforderung oder Unterforderung vermieden.«

Inge Salm seufzte erleichtert: »In den Sätzen ist ein Wort, das mir jeden Stress nimmt …«

Manuela Herzlich fiel ihr ins Wort: »Mir geht es auch so. Es ist das Wort ›*längerfristig*‹.«

»Ja, genau«, bestätigte Inge Salm. »Ich gehe daher davon aus, dass kurzfristiges Unter- und Überfordern gar nicht schlimm ist. Wahrscheinlich ist es sogar unvermeidbar. Nur längerfristig hat es negative Folgen.«

Manfred Lustig ergänzte: »Sie haben es erfasst. Es geht sogar noch weiter: Wenn Sie Ihre Mitarbeiter genau beobachten, dann sind Unterforderung und Überforderung für Sie wichtige Zeichen, die Aufgabengebiete zu überdenken.«

Nun meldete sich Eberhard Wehrlich: »Wer fördern will, muss also auch ständig kontrollieren.«

»… und dafür brauchen Sie ein System. Jetzt sehen Sie allmählich, wie die fünf Aufgaben ineinandergreifen. Leading Simple ist sehr rund«, vervollständigte Louis Berg den Gedanken.

8. Wann und wie beginnen?

Nach einer Weile fiel der Führungscrew der Gruber AG die dritte und letzte ihrer Fragen wieder ein. Alfred Specht stellte sie: »Wir wissen noch nicht, wann wir beginnen sollten. Wir denken, dass es noch lange dauert, bis wir das System perfekt beherrschen. Insbesondere wenn die Beständigkeit so wichtig ist, wie wir gerade gelernt haben.«

Manfred Lustig entgegnete daraufhin: »Wissen Sie, wie ich mich auf mein erstes Länderspiel vorbereitet habe? Gar nicht. Ich bekam einen Anruf vom Nationaltrainer, und er sagte: ›Herr Lustig, Sie spielen morgen. Bitte reisen Sie sofort ins Mannschaftslager.‹ Natürlich habe ich mich gefreut. Allerdings hätte ich mich lieber noch einige Monate vorbereitet. Ich teilte die Bedenken meinem Coach mit. Er zitierte einen alten Satz: ›Es gibt Dinge, die wir lernen müssen, *bevor* wir sie tun können, und wir lernen sie, *indem* wir sie tun.‹«

Die fünf warfen einander vielsagende Blicke zu, erinnerten sie sich doch daran, dass Louis Berg diesen Satz auch schon zitiert hatte. Ihnen dämmerte allmählich, wie zentral der Satz von Aristoteles ist.

Manfred Lustig fuhr fort: »Mein Coach schob noch ein anderes Zitat nach – ich glaube es ist von Bernd Schreiber: ›*Zu wissen, was man tun muss, und es nicht zu tun, ist Feigheit.*‹ Mit diesen zwei Sätzen bin ich dann zu dem Länderspiel gefahren. Ich kannte alles: die Techniken und die Systeme. Aber ich zögerte noch. Warum? Weil es menschlich ist. Wir neigen dazu, aus *Perfektionismus zu zögern, statt einfach fehlerhaft zu beginnen*. Es ist leichter, sofort anzufangen, als Sie jetzt vielleicht denken. Denn Sie haben wichtige Verbündete – *Ihre Mitarbeiter*.«

»Unsere Mitarbeiter?«, entfuhr es Gottfried Zucker. »Die habe ich noch nie als Verbündete gesehen.«

»Das merkt man auch sofort«, warf Inge Salm spitzlippig ein.

Manfred Lustig fuhr unbeirrt fort: »Sagen Sie Ihren Mitarbeitern, dass Sie *ihnen* helfen wollen – mit einem neuen System. Das System führen Sie *für* Ihre Mitarbeiter ein, nicht zu deren Schaden. Erklären Sie ihnen das System. Geben Sie ihnen die Traktate zu lesen. Geben Sie die Texte wirklich jedem!«

»Ist das nicht gefährlich?«, fragte Gottfried Zucker. Er schien wenig überzeugt.

Der Hüne erwiderte: »Gefährlich wäre es nur, wenn Sie nicht ehrlich wären. Hüten Sie sich, Ihren Mitarbeitern etwas vorzuspielen. Bleiben Sie *authentisch*. Wenn Sie Angst haben, Fehler zu begehen, dann sagen Sie das Ihren Mitarbeitern. Bitten Sie um Nachsicht und Hilfe.«

Inge Salm lächelte süffisant: »Das wäre eine Umstellung für Sie, nicht wahr?«

Gottfried Zucker ignorierte ihren Sarkasmus: »Das wird nicht einfach für mich, aber ich will es versuchen. Wissen Sie, warum?«

Die anderen blickten ihn überrascht an. Er erklärte: »Weil der Alte immer ehrlich zu mir war. Immer – und das hat mir gefallen. Ich glaube, meine Mitarbeiter haben das Gleiche verdient.« Alle nickten anerkennend. Leading Simple schien wirklich effektiv zu sein, wenn sogar Gottfried Zucker von seinen Vorteilen überzeugt werden konnte.

Manfred Lustig sagte nach einer Pause:

»Gewinnen kommt von beginnen.«

Nach ein paar Sekunden fuhr er fort: »Aber das ist nur ein Teil der Antwort. Es fehlt noch eine wichtige Zutat, und die heißt: *ein Prozent.*«

»Ein Prozent?«, fragten seine Zuhörer fast unisono, nur Eberhard Wehrlich erinnerte sich: »Stimmt, das stand auf dem Kärtchen: System plus ein Prozent gleich ständige Verbesserung.«

»Exakt! Nicht wahr, ich sagte bereits, dass Systeme den Boden für unsere Ergebnisse, aber nicht die Decke bilden?«, rief der ehemalige Spitzensportler. »Haben Sie verstanden, was ich damit sagen will?«

Betroffen sahen sich die fünf an. Sie hatten diesen Satz damals nicht verstanden, aber nicht weiter nachgehakt. Als er die ratlosen Blicke sah, erklärte Manfred Lustig: »Systeme bilden den Boden für eine beständige Leistung. Das heißt nicht, dass Sie nicht ständig daran arbeiten sollten, diese Leistung zu verbessern. Wer seinen Kunden weniger gibt, als er versprochen hat, der betrügt sie. Sie müssen die Minimumleistung liefern, die Sie versprochen haben. Immer. Das ist freilich nur der Boden, auf dem der Erfolg einer Firma aufbaut. Systeme und Visionen haben keine Decke. Sie müssen ständig verbessert werden, ganz gleich, wie gut sie sind.«

Seine Zuhörer ließen diese Erkenntnis auf sich einwirken. Inge Salm erkundigte sich: »Kann man es so ausdrücken: Auch ein fantastisches System ist nur vollständig, wenn es ständig lernt?«

Louis Berg erwiderte: »Ich glaube, wir haben eine neue Expertin für Systeme. Sie haben den Nagel wieder auf den Kopf getroffen.«

Auch das beste System ist nur vollständig, wenn lernende Mitarbeiter es ständig verbessern.

Gottfried Zucker fragte: »Aber warum nur ein Prozent? Das kann man doch kaum sehen. Und was hat das mit der Frage zu tun, wann wir beginnen sollen?«

»Es wird gleich klar«, sagte Manfred Lustig lächelnd. »Sobald Sie *beständig* sind, müssen Sie sich *ständig verbessern*. Doch davor brauchen Sie nicht zu erschrecken, denn ein Prozent reicht aus, ein einziges Prozent pro Monat und Aufgabe.«

Gottfried Zucker, der Buchhalter, rechnete in Windeseile nach: »Aha, von wegen zu wenig: Fünf Aufgaben mal ein Prozent sind fünf Prozent im Monat, mal zwölf Monate – das sind 60 Prozent Verbesserung in nur einem Jahr. Jetzt verstehe ich, das ist in Wahrheit unglaublich viel. Spannend.«

»Ich beginne den Zusammenhang klarer zu sehen«, schaltete sich Inge Salm wieder ein. »Auch das beste System ist nie perfekt. Also ist es unsinnig zu warten, bis man es perfekt beherrscht. Am besten fangen wir sofort an, obwohl uns sicher Fehler unterlaufen werden.«

Gottfried Zucker fuhr fort: »Das eine Prozent erinnert uns immer daran, flexibel zu bleiben und uns ständig zu verbessern. Wie Sie so schön sagten: *Es gibt keine Decke für ein System.*«

Manfred Lustig blickte zu Louis Berg hinüber: »Kein Wunder, dass du so viel Spaß daran hast, mit diesen Leadern zu arbeiten!«

Die fünf freuten sich sichtbar über diese Anerkennung.

Louis Berg ergänzte: »In dem einen Prozent liegt eine Magie, die über die Vision und die große Idee hinausgeht. Dieses eine Prozent sorgt dafür, dass eine große Idee von heute auch morgen eine große Idee ist – weil sie größer wird.«

Und Manfred Lustig sagte: »Spitzensportler, Visionen, Systeme, Leader ... alle haben eins gemeinsam: Sie wachsen oder sie werden schwächer. ›Ein Prozent‹ erinnert uns immer daran: Ein System ist nur dann gut, wenn wir trainieren.«

Bald darauf verabschiedeten sie sich zufrieden von Manfred Lustig. Die Leader der Gruber AG sahen, dass Louis Berg mehr für sie tat, als sie zunächst angenommen hatten. Er half ihnen nicht nur, das Leading-Simple-System zu entdecken, sondern er trainierte sie auch. Ohne dass es ihnen direkt aufgefallen wäre, waren sie schon mitten im Training. Sie waren ihm dafür dankbar, denn sie wussten:

Ohne Training ist das beste System wirkungslos.

Louis Berg lächelte tiefgründig. Manchmal schien es ihnen, als könnte er ihre Gedanken erraten. Er sagte: »Ich denke, wenn Sie verstehen, wie wichtig Training ist, dann Sie sind bereit für die nächsten Traktate, die über die Hilfsmittel. Mit den Hilfsmitteln ist es für Leader wie mit dem Werkzeug für Handwerker: Sie helfen, Aufgaben zu erfüllen. Je mehr Sie den Umgang damit üben, umso größer ist die Hilfe. Fallen Ihnen noch andere Vorteile ein?«

Manuela Herzlich meldete sich: »Erst Hilfsmittel ermöglichen eine effiziente Arbeit. Ein Holzfäller kommt ohne Säge nicht weit. Das Gleiche gilt für die Hilfsmittel eines Leaders: Sie geben ihm Leverage, sie sind ökonomisch und zeitsparend.«

Louis Berg nickte: »Der Vergleich mit dem Holzfäller ohne Säge gefällt mir gut.« Und dann fuhr er fort: »Es sind wieder nur fünf Traktate – aber die haben es in sich. Es sind die fantastischsten Hilfsmittel, die Sie als Leader bekommen können. Sie werden niemals weitere Hilfsmittel benötigen, um Ihre Führungsaufgaben umzusetzen. Ich habe mir erlaubt, die fünf Traktate in Umschlägen auf Ihre Schreibtische legen zu lassen. Ich schlage vor, wir treffen uns in zwei Wochen zu unserer üblichen Zeit wieder.«

Louis Berg rollte auf den Ausgang zu. Dann hielt er kurz inne und sagte lächelnd: »Ach noch eins, denken Sie doch vielleicht an mein Buch … Sie wissen schon … eine Zusammenfassung wäre hilfreich.«

9. Die fünf Hilfsmittel

Louis Berg traf pünktlich im Konferenzraum ein. Dort diskutierten die Vorstandsmitglieder der Gruber AG bereits so lebhaft miteinander, dass sie ihn zunächst übersahen. Sie waren sich offensichtlich uneins darüber, ob Kritik heutzutage wirklich noch ein angemessenes Mittel für Leader sei und wie die Gefahr der Manipulation einzuschätzen sei. Als sie ihn bemerkten, verstummten sie verlegen. Doch der Mann im Rollstuhl lächelte verständnisvoll und sagte: »Guten Morgen. Eben fielen zwei Stichworte, über die ich auch lange nachgedacht habe. Ich glaube, ich kann Ihnen dazu einige Denkanstöße geben.«

Manuela Herzlich seufzte erleichtert: »Ich hatte schon einen Schreck bekommen. Ich dachte, Sie würden vielleicht denken, wir werden nie gute Leader.«

»Ich bin doch dafür da, dass Sie mir Fragen stellen«, erwiderte Louis Berg. »Ich freue mich richtig auf unser Gespräch. Zusätzlich zu Ihren zwei Stichpunkten habe ich auch einige Dinge, die ich mit Ihnen besprechen möchte. Aber lassen Sie uns zunächst darüber reden, wie Sie die fünf Traktate über die Hilfsmittel verstanden haben. Sie haben sie doch zusammengefasst, oder?«

Stolz sagte Herr Specht: »Da wir wissen, wie wichtig Kontrolle ist, haben wir das natürlich vorbereitet. Die Blätter liegen bereits auf Ihrem Tisch.«

DAS ERSTE HILFSMITTEL:

Lob

Leader sollten ausreichend Gründe finden, um ihre Mitarbeiter zu loben, denn mit nichts anderem können sie Menschen so fördern. Sie sollten möglichst das System nutzen und jeden schriftlichen Bericht daraufhin lesen, ob es etwas zu loben gibt. Damit gewährleisten sie ein Minimum an Lob.

Lob darf niemals unpräzise sein, sonst könnte es wie billige Schmeichelei klingen. Ein Leader sollte das Vier-Schritte-Lob üben. Er sollte erstens sagen, was ihm gefällt, zweitens erläutern, wo und wann ihm dies aufgefallen ist, drittens begründen, warum es ihm gefällt, und viertens dazu auffordern, das entsprechende Verhalten beizubehalten und gegebenenfalls auszubauen.

DAS ZWEITE HILFSMITTEL:

Umleiten

Wenn eine Arbeit nicht zur Zufriedenheit erledigt wurde, sollte ein Leader erwägen umzuleiten, bevor er kritisiert. Dazu kann er entweder die Schuld auf sich nehmen, weil er sich nicht klar genug ausgedrückt hat, oder er kann dem Mitarbeiter eine neue Aufgabe geben. In beiden Fällen schafft er eine neue Möglichkeit zu loben.

In einem persönlichen Gespräch sollte der Leader das unbefriedigende Ergebnis und die negativen Folgen emotionslos beschreiben. Als Nächstes wählt er eine der beiden Umleitungen, zum Schluss legt er das Ergebnis klar schriftlich fest.

Zeigt der Mitarbeiter allerdings geringes Engagement, ist eine Umleitung kaum sinnvoll.

DAS DRITTE HILFSMITTEL:

Kritik

Ein Leader sollte möglichst selten, dann aber meisterhaft kritisieren. Auf jedes Kritikgespräch muss er sich vorbereiten, indem er einige Punkte aufschreibt, die er an seinem Mitarbeiter schätzt.

Bei der Kritik muss er immer trennen zwischen der Tat und dem Menschen. Er darf keine Ausreden und keine Diskussionen zulassen. Dies gelingt ihm, indem er über seine Emotionen spricht – denn über die Gefühle des Kritisierenden kann der Kritisierte nicht diskutieren. In dem Kritikgespräch sollte der Leader klar die Fakten benennen, die er negativ einschätzt, und seine Gefühle darüber äußern. Er sollte dem Kritisierten dabei immer eine Chance geben, den Fehler von sich aus anzusprechen. Der Leader kann dann sofort den Fokus auf die Zukunft lenken, indem er fragt: Was werden Sie künftig anders machen? Denn es geht nicht um eine Verurteilung, sondern um Resultate in der Zukunft. So bringt der Leader das Gespräch wieder auf eine positive Ebene.

DAS VIERTE HILFSMITTEL:

Die EOA

Eine ergebnisorientierte Aufgabenbeschreibung (EOA) legt vor allem fest, welche *messbaren Ergebnisse* im Rahmen einer Aufgabe erzielt werden sollen. Erst dadurch wird die Aufgabe wirklich klar. Mithilfe einer EOA kann ein Leader leichter die geeigneten Mitarbeiter finden und kontrollieren.

Der Mitarbeiter muss seine Aufgabe und die erwarteten Ergebnisse verstehen – am besten lässt der Leader ihn Aufgabenstellung und Zielvereinbarung mit eigenen Worten wiederholen. Und er muss explizit bestätigen, dass er diese gewünschte Leistung erbringen kann. Von diesem Zeitpunkt an kann der Leader die tatsächlichen Ergebnisse mit der EOA abgleichen.

DAS FÜNFTE HILFSMITTEL:

Der Budgetplan

Alle Ziele und Planungen sollten in die Sprache des Geldes übersetzt und in Budgetplänen festgehalten werden. Der Leader kann mit diesem Hilfsmittel wirkungsvoll Ziele planen, ihre Realisierung kontrollieren, Mitarbeiter einarbeiten und mit ihnen unmissverständlich kommunizieren.

Ein Leader sollte für jede strategische Einheit einen verantwortlichen Mitarbeiter bestimmen, der einen Budgetplan erstellt und so lange überarbeitet, bis er genau ist. Dieser Mitarbeiter ist dann auch für die Umsetzung des Planes verantwortlich. Der Leader kann auf positive und negative Abweichungen reagieren, weil er in regelmäßigen Abständen einen schriftlichen Bericht mit Soll-Ist-Vergleichen erhält.

Louis Berg legte die Blätter zur Seite und sagte anerkennend: »Gratuliere. Sie haben es erneut geschafft, die wichtigen Punkte zu erfassen und mit wenigen Worten wiederzugeben. Alle Achtung.«

Seine Schüler freuten sich sichtbar über sein Lob. Nach einer kleinen Weile schob er nach: »Auch das ist eine große Hilfe für mein Buch, eine exzellente Zusammenfassung. Selbstverständlich habe ich Ihnen meinerseits wieder fünf Kärtchen mit einer ausführlichen Zusammenfassung mitgebracht.« Er teilte die Karten aus. »Die fünf Hilfsmittel sind für Sie so wichtig wie Werkzeuge für Handwerker. Sie erinnern sich an die Vorteile?« Ja, die Gruber-Crew hatte die Punkte noch genau im Kopf:

- Es sind großartige Hilfen, weil sie eine effiziente Arbeit ermöglichen.
- Sie sind Leverage, weil Führungsaufgaben mit ihnen ökonomisch und zeitsparend zu erledigen sind.

- Je öfter ihre Anwendung trainiert wird, umso wirkungsvoller der Leader.

Sie nickten und der Mann im Rollstuhl fuhr fort: »Dann habe ich eine Frage an Sie. Wie können Sie den Umgang mit den fünf Hilfsmitteln am besten üben?«

Inge Salm antwortete sofort: »Ich weiß nicht, ob ich die beste Methode gefunden habe. Aber ich finde, es funktioniert ganz gut: Ich habe mir für die Hilfsmittel einen To-do-Plan aufgeschrieben, ähnlich wie die Karten, die Sie uns eben ausgeteilt haben. Vor jedem Mitarbeitergespräch habe ich mir überlegt, welches Hilfsmittel ich wohl einsetzen kann.«

Louis Berg nickte eifrig und ermunterte sie weiterzusprechen. Die Marketingleiterin fuhr fort: »Dann habe ich vor dem Gespräch die jeweilige Karte gelesen. Nach dem Gespräch habe ich sie dann noch einmal überflogen und überprüft, inwieweit ich den To-do-Plan umgesetzt habe. Auf diese Weise beherrsche ich die Gesprächsleitfäden bereits ziemlich gut, obwohl ich erst zwei Wochen damit arbeite.«

»Eine ausgezeichnete Art zu lernen«, befand Herr Berg. »Eine bessere Methode gibt es nicht. Halten wir fest:

Lesen Sie vor jedem Mitarbeitergespräch die Karte des jeweiligen Hilfsmittels. So lernen Sie die Anwendung mit geringem Zeitaufwand.«

Nach einer kurzen Pause fragte er: »Erlauben Sie mir noch zwei Fragen?« Er wartete ihr Einverständnis ab und erkundigte sich dann:

»Wen haben Sie bereits über die Traktate und das, was wir bis jetzt miteinander besprochen haben, informiert?«

Eberhard Wehrlich antwortete: »Wir haben beschlossen, dass jeder in seiner Abteilung so viel bekannt gibt, wie er für richtig hält. Zunächst waren wir etwas unsicher, weil wir ja noch nicht das ganze System kennen. Doch nach dem, was Manfred Lustig, der Ex-Volleyballspieler, sagte, sahen wir keine andere Möglichkeit. Wir wollten nicht feige sein, und wir haben verstanden, dass wir das Führen am besten lernen, indem wir es tun.«

Louis Berg nickte anerkennend und Inge Salm berichtete von ihren persönlichen Erfahrungen: »Ich habe zunächst mein Versprechen gehalten, das ich gegeben hatte, als Sie den Brief vorgelesen haben: sofort zwei Personen einzuweihen. Ich habe ihnen den Brief vorgelesen und die Traktate mitgegeben. Dabei hatte ich komplett vergessen, dass die beiden ihrerseits auch zwei Personen informieren würden. Bevor ich mich versah, sprach die ganze Abteilung von Leading Simple.«

»Ja, aber warum«, fragte Louis Berg vorsichtig, »haben Sie zugelassen, dass alle von dem System erfahren? Was hat denn jemand davon, der keine Mitarbeiter hat? Es handelt sich doch um ein *Führungssystem.*«

Seine Zuhörer schmunzelten. Schließlich hatten sie ihm gut zugehört. Eberhard Wehrlich antwortete: »Wir kennen doch Ihre Einstellung zu dieser Frage. *Jeder* Mensch muss führen. Zunächst *privat,* zu Hause, seine Freunde, immer, wenn er etwas erreichen oder jemanden überzeugen will. Dann in der *Firma,* selbst wenn er *keine* Mitarbeiter hat. Er muss seine Kollegen führen, die Mitarbeiter anderer Abteilungen, seinen Chef ... einfach jeden.«

»Ich habe etwas Wichtiges entdeckt«, ergänzte Manuela Herzlich: »Wenn ich Menschen mit diesem System führen will, dann ist das einfacher, wenn ich ihnen das System *vorher* erkläre. So wissen sie, was auf sie zukommt. Das schafft Vertrauen und später muss man viel weniger erklären.«

Louis Berg tat so, als hätten sie ihn bei einer Fangfrage ertappt. Er genoss die Arbeit mit ihnen sichtbar. Die schönste Überraschung stand ihm freilich noch bevor: Es stellte sich heraus, dass alle Anwesenden das System von Leading Simple nicht nur in ihren Abteilungen *besprochen* hatten, sondern dass sie auch bereits damit *arbeiteten*.

Der Mann im Rollstuhl hatte schon viel erlebt, aber das verschlug ihm zunächst die Sprache. Dann sagte er voller Begeisterung: »Ich verstehe immer besser, warum mein Freund Harald Sie so schätzt. Er erklärte mehrmals: ›Diese Menschen sind mein Leben.‹ Sie wissen, dass Harald Gruber so etwas nicht leichtfertig sagt.«

Gerührt senkten seine Zuhörer ihren Blick. Der Alte fehlte ihnen. Ihnen wurde bewusst, wie oft sie einfach nur *für ihn* gearbeitet hatten. Sie wollten ihn niemals enttäuschen.

Louis Berg bat nach einer Weile: »So, nun bin ich aber neugierig, was Sie konkret getan haben.«

Manuela Herzlich begann. »Ich weiß jetzt: Jeder Mensch hat ein Recht auf eine klar beschriebene Aufgabe, und er muss wissen, welche konkreten Ergebnisse von ihm erwartet werden. Da ich Personalleiterin bin, habe ich folglich zuerst eine EOA für *jeden* Mitarbeiter anfertigen lassen.«

Erstaunt blickte der Mann im Rollstuhl sie an: »Wie konnten Sie das *so schnell* schaffen?«

Sie antwortete lachend: »Indem ich Affen verteilt habe! Ich habe einfach jeden Mitarbeiter gebeten, seine Aufgabe und die Ergebnisse, die er liefern sollte, auf einer Seite zusammenzufassen. Diese vorläufigen EOAs haben die Mitarbeiter dann mit ihren Abteilungsleitern besprochen. Ich habe am Schluss die korrigierten Fassungen eingesammelt.«

»Herzlichen Glückwunsch«, freute sich Louis Berg. »Viel Arbeit bedeutet nicht, dass Sie diese Arbeit allein tun müssen. Sie haben sich an Ihre vierte Aufgabe erinnert und klug delegiert.«

Gottfried Zucker verriet: »Sie hat sich einen großen Affen gekauft und auf den Schreibtisch gestellt, einen Affen mit rosa Höschen …«

Alle mussten lachen. Manuela Herzlich sagte: »Der Affe ist Gold wert. Früher habe ich oft zwölf Stunden gearbeitet. Mein Hauptfehler bestand darin, dass ich die Arbeit anderer Mitarbeiter übernahm. Ich habe gewissermaßen deren Affen getragen. Nun konzentriere ich mich auf meine Aufgaben und delegiere viel. Jeder trägt jetzt seinen eigenen Affen. Der Affe auf meinem Schreibtisch erinnert mich an diese wichtige Aufgabe jedes Leaders. Seit er dort sitzt, arbeite ich nur noch acht bis neun Stunden..«

»Ich würde ihm ja einen Pullunder anziehen«, grinste Gottfried Zucker.

Inge Salm rief mit gespielter Empörung: »He, über Ihren Pullunder darf nur eine Witze reißen, und das bin ich!«

Louis Berg stellte mit Genugtuung fest, welch ein Stimmungswechsel eingetreten war. Er sagte mit Nachdruck:

»Leader dürfen nie glauben, dass sie allein für Führung zuständig sind.«

Jetzt war Gottfried Zucker an der Reihe. »Specht und ich haben von dem Verantwortlichen jeder Unternehmenseinheit einen *Budgetplan* anfertigen lassen. Das war allerdings nicht ganz so einfach. Die meisten Pläne mussten drei- bis viermal neu geschrieben werden.«

Louis Berg nickte: »Das ist vollkommen normal, wenn solche Pläne zum ersten Mal ernsthaft erstellt werden. Sie werden sehen, das nächste Mal wird es allen schon etwas leichter fallen. Aber welche Erkenntnis haben Sie daraus gewonnen?«

Gottfried Zucker antwortete: »Ich verstehe gar nicht, wie wir so lange darauf verzichten konnten. Zum ersten Mal verstehen die verantwortlichen Mitarbeiter, was wirklich ihre Aufgabe ist und vor allem für welche Ergebnisse sie verantwortlich sind.«

Alfred Specht sekundierte: »Ich freue mich schon auf die ersten Kontrollen. Erstens bekomme ich sie ja jetzt automatisch, weil fest vereinbart ist, wann jeder einen schriftlichen Bericht anfertigt. Und zweitens fällt ein Soll-Ist-Vergleich jetzt leicht.«

»Und es wird auch keine Diskussionen geben«, nahm Gottfried Zucker den Faden auf. »Denn jetzt weiß jeder genau, für welches Ergebnis er verantwortlich ist. Und er weiß, dass sich die ganze Firma darauf verlässt, dass er sein Ziel erreicht.«

Sie sprachen noch einige Stunden miteinander. Einige hatten bereits mit ihren Mitarbeitern das Vier-Phasen-Modell der ersten Aufgabe eingeführt und bewerteten konsequent Kompetenz und Engagement.

Alfred Specht hatte verstärkt Systeme kontrolliert. Einige erschienen ihm viel zu kompliziert. Für die Buchhaltung hatte er die Entwicklung einer neuen Software in Auftrag gegeben und außerdem begonnen, zusammen mit Manuela Herzlich ein Handbuch der wichtigsten Systeme zu erstellen.

Eberhard Wehrlich hatte mit dem Einverständnis der anderen eine Betriebsversammlung einberufen und dort der gesamten Belegschaft den Unternehmenszweck erklärt. Dann hatte er elegant übergeleitet zum Leading-Simple-System. Jeder in der Firma mochte und respektierte ihn, und so nahmen die Mitarbeiter ihm ab, dass dies eine große Chance für die Gruber AG sei.

Louis Berg lauschte mit großem Interesse ihren Berichten. Dann gab er ihnen noch ein Kärtchen: »Auf dieser Übersicht können Sie alle fünf Aufgaben sehen. Sie sind nach ihrer logischen Reihenfolge sortiert. Ihnen zugeordnet sind die Hilfsmittel, die Sie jeweils hauptsächlich einsetzen sollten.«

Aufgaben und Hilfsmittel

Menschen fördern:	alle Hilfsmittel
Unternehmenszweck erfüllen:	5. Hilfsmittel
Systeme schaffen:	4. und 5. Hilfsmittel
delegieren:	alle Hilfsmittel
kontrollieren:	alle Hilfsmittel

1 = Lob, 2 = Umleiten, 3 = Kritik, 4 = EOA, 5 = Budgetplan

Alle empfanden dieses Kärtchen als eine nützliche Übersicht.

Louis Berg schlug eine Pause vor. Am Nachmittag wollten sie dann Klarheit über ihre beiden Diskussionspunkte gewinnen, indem sie sich in der Firma TextArt & Design umschauten. Die fünf freuten sich darauf, ein weiteres Unternehmen kennenzulernen, das nach dem Leading-Simple-System arbeitete.

10. Manipulation oder Beeinflussung?

TextArt & Design ist eine Werbeagentur, sie wird von Kerstin Leuchter geleitet. Die Chefin selbst stand am Eingang und empfing die Besuchergruppe herzlich.

Zuerst umarmte sie Louis Berg – wieder konnten die fünf Gruber-Angestellten sehen, welch ein gutes Verhältnis er zu den Leadern hatte, die er trainierte.

Kerstin Leuchter zeigte ihnen die Räumlichkeiten. Die sechzig Mitarbeiter waren alle in einem großen Loft untergebracht. Einige Bereiche waren vorbildlich geordnet, andere sahen recht chaotisch aus.

»Das ist in unseren kreativen Abteilungen so«, erklärte die Hausherrin auf ihre fragenden Blicke hin. »Wir arbeiten alle in einem großen Raum, weil wir gemeinsam Ideen entwickeln, prüfen und umsetzen. Es ist wie in einer Fertigungshalle, nur dass wir nicht irgendwelche Teile herstellen, sondern Werbestrategien. Durch die Räumlichkeit ist jedem hier stets der Zusammenhang deutlich.«

Sie führte die Besucher zu einem großen ovalen Tisch in der Mitte des Lofts. An einem Ende des Tischs stand ein Computer. »Wir leben von guten Einfällen und Ideen. Deshalb steht der Tisch mitten im Raum. Wenn die Texter oder die Grafiker nicht weiterkommen, setzen sie sich mit einigen Kollegen, die zu dem Thema etwas beitragen wollen und können, hierher und dann gibt es ein gemeinsames Brainstorming. Früher war es für den Einzelnen frustrierend, wenn er stecken geblieben war. Seit wir den runden Tisch haben, freuen wir uns auf die Gelegenheit, uns gegenseitig zu unterstützen.«

»Ein interessantes System«, sinnierte Alfred Specht. »Funktionierende Systeme können also sehr unterschiedlich sein.«

»Sie müssen einfach zur Firma passen«, bestätigte die Geschäftsführerin. »Vor Jahren habe ich die Agentur von meinem Vater übernommen. Das Unternehmen hatte bis dahin von seinen genialen Ideen gelebt. Wir mussten nun ein System finden, wie wir ohne ihn zurechtkommen konnten. Da lernte ich zum Glück Louis Berg kennen. Wir haben Leading Simple eingeführt und die Firma vollkommen umstrukturiert.«

Beeindruckt sahen sich die fünf Vorstände der Gruber AG um. Was sie sahen, gefiel ihnen: Es herrschte eine lockere Atmosphäre. Jeder schien Spaß an der Arbeit zu haben.

Louis Berg unterbrach ihre Beobachtungen: »Kerstin, du weißt, warum wir hier sind. Ich denke, niemand kann diesen Leadern ihre beiden Fragen besser beantworten als du.«

»Leader«, durchzuckte es die fünf. Zum ersten Mal nannte er sie Leader. Welch ein Gefühl!

Der Mann im Rollstuhl fuhr fort: »Die beiden Fragen lauten: Grenzt es nicht an Manipulation, wenn Lob und einige der anderen Hilfsmittel so verwandt werden, wie es das System vorsieht? Und ist es heute noch angebracht, explizit Kritik zu üben? Kann damit nicht zu viel zerstört werden?«

Kerstin Leuchter räusperte sich: »Manipulation ist ein häufiger Vorwurf. Ich hatte anfangs auch starke Bedenken und fragte mich, ob ich das Recht habe, Menschen zum Vorteil der Firma zu manipulieren.«

»Ich glaube, das bringt es auf den Punkt«, befand Manuela Herzlich. »Mir scheint, dass ein Leader wohl manipulieren *muss*. Allerdings weiß ich nicht, ob das moralisch vertretbar ist.«

Kerstin Leuchter fuhr fort: »Jetzt benutzen wir ein anderes Wort, wir sprechen von *Beeinflussen*. Tatsächlich gibt es einige wichtige Unterschiede zwischen *Beeinflussung* und *Manipulation*. Louis Berg hat mich darauf hingewiesen. Lassen Sie mich zuerst das Wesen der Manipulation erklären: Sie manipulieren, wenn Sie jemanden dazu bringen, etwas zu tun, *ohne* dass er es merkt und *ohne* dass er den Sinn versteht. Oft wird er zu einem Handeln geführt, das seinen eigenen Interessen entgegensteht, ihm also von Nachteil ist. Der Manipulator hat ausschließlich seinen eigenen Vorteil vor Augen. Beeinflussung ist hingegen etwas ganz anderes: Als Leader müssen Sie den Unternehmenszweck erfüllen und Menschen fördern. Das können Sie nicht, ohne Einfluss auf sie zu nehmen. Aber Sie tun das nicht heimlich, sondern offen und nachvollziehbar – nach einem System, das Sie jedem vorher erklärt haben.«

Inge Salm fragte: »Kann man sagen, dass bei der Manipulation Informationen zurückgehalten oder verfälscht werden? Bei Beeinflussung dagegen weiß der andere, was ich warum tue, und ich hole vorher sein Einverständnis dazu ein?«

»Ja«, entgegnete Kerstin Leuchter, »das haben Sie treffend formuliert. Als ich damals darüber nachdachte, fand ich etwas Wichtiges heraus. Der Unterschied liegt in dem Menschenbild, das mein Verhalten beeinflusst.«

»Das Menschenbild?«, echote Inge Salm.

»Ein Leader«, erläuterte die Geschäftsführerin, »der beeinflussen will, hat ein bestimmtes Menschenbild. Er denkt: ›In jedem Menschen steckt großes Potenzial. Das muss ich fördern – zu seinem Vorteil und zum Vorteil der Firma.‹ Manipulatoren haben dagegen ein ganz anderes Menschenbild, sie sagen: ›Andere sind nur dazu da, um meine Bedürfnisse zu befriedigen. Ihre Entwicklung ist nicht wichtig.‹ Beeinflusser fördern andere, ermutigen sie zur Selbstdisziplin und wollen erreichen, dass ihre Mitarbeiter sich schließlich selbst steuern können. Manipulatoren dagegen fordern blinden Gehorsam ein und schaffen Abhängigkeiten.«

Inge Salm sagte nachdenklich: »Das ist stark formuliert. Aber es trifft wohl genau den Kern.«

»Ich wünschte«, erwiderte Kerstin Leuchter, »Sie hätten erlebt, was in unserer Firma geschehen ist, welches Potenzial zutage getreten ist und welche Stärken sich entwickelt haben. Ein Manager, der seine

Verantwortung für andere nicht annimmt, ist ein Feigling und kein Leader.«

Louis Berg erklärte: »Als Rollstuhlfahrer komme ich ohne andere Menschen nicht zurecht. Ich bin ständig auf die Hilfe anderer angewiesen. Anfangs war mir das ein Gräuel, das habe ich Ihnen ja bereits geschildert. In einem Hotel kann ich mein Gepäck nicht allein ausladen und aufs Zimmer bringen. Wenn vor einem Restaurant auch nur einige wenige Stufen sind, muss ich wildfremde Menschen ansprechen und bitten, mir zu helfen. Das war mir anfangs peinlich. Doch dann habe ich eine wichtige Erkenntnis erlangt. Um Hilfe zu bitten ist etwas ganz Normales und niemals ein Zeichen von Schwäche. Menschen brauchen einander, zusammen sind wir immer stärker als allein. Und genau das ist das *Wesen der Führung: um Hilfe bitten.*

Leadership bedeutet: bewusst Hilfe einfordern.«

Eberhard Wehrlich war beeindruckt: »So habe ich es noch nie gesehen. Natürlich, keiner von uns ist so schlau wie alle zusammen. Ich brauche also Hilfe. Und wenn ich um Hilfe bitte, beeinflusse ich. Allerdings hilft mir der andere aus freiem Willen. Damit ist der Sache gedient, aber auch dem, der hilft.«

Kerstin Leuchter stimmte ihm sofort zu: »Genau das muss ein Leader verstehen. Er beeinflusst, um der Firma und dem Mitarbeiter zu helfen.«

Gottfried Zucker runzelte die Stirn: »Ich verstehe den Unterschied zwischen Beeinflussung und Manipulation nun genau. Aber inwiefern helfen wir jemandem, wenn wir ihn loben und kritisieren? Da stehe ich noch auf der Leitung.«

Kerstin Leuchter erläuterte geduldig: »Nun, zunächst bauen Sie das Selbstbewusstsein Ihres Mitarbeiters unmittelbar auf, wenn Sie loben;

und Sie geben einen Impuls zur Verhaltensänderung, wenn Sie kritisieren. Beides sind wichtige Hilfen für seine Entwicklung. Ihr Ziel ist dabei letztlich, die Mitarbeiter zur vierten Phase zu bringen, die das wollen.

Leader wollen erreichen, dass ihre Mitarbeiter das Richtige tun, wenn sie nicht da sind.«

»Und was hat das mit Lob und Beeinflussung zu tun?«, fragte Gottfried Zucker ein wenig verwirrt.

»Zuerst zeigen Sie Ihrem Mitarbeiter, *wie* man lobt«, fuhr Kerstin Leuchter fort. »Dann zeigen Sie ihm, wie man *sich selbst* lobt. Auf diese Weise wird er unabhängig von Ihrem Lob.«

»Und wie kann ich das anstellen?«, hakte der Chef der Buchhaltung nach.

»Indem Sie ihn auffordern, sich selbst zu loben«, erklärte die Geschäftsführerin. »Nach einer guten Leistung fragen Sie ihn: ›Was ist Ihnen gut gelungen? Wie haben Sie das geschafft? Was haben Sie im Einzelnen getan? Wie haben Sie sich dabei gefühlt? Wie fühlt es sich an, wenn man so gute Arbeit leistet?‹ Solche oder ähnliche Formulierungen können Sie wählen.«

Jetzt hatte der Buchhalter die Sache verstanden. »Ach so, ein Leader fördert auf diese Weise systematisch die Mündigkeit seiner Mitarbeiter, und das kommt allen zugute.«

»Louis Berg hat mir damals ein Kärtchen gegeben, das den Unterschied auf einen Blick klarmacht«, sagte Kerstin Leuchter. »Hier ist es.«

Manipulation	Beeinflussung
• Menschenbild: rücksichtslos	• Menschenbild: Potenziale
• eigene Bedürfnisse befriedigen	• fördern und im Team den Unternehmenszweck erfüllen
• Fremdsteuerung	• Selbstdisziplin
• Information zurückhalten	• vorher informieren und Einverständnis einholen
• basiert oft auf Täuschung	• basiert auf Ehrlichkeit
• Endziel: Abhängigkeit	• Endziel: Selbststeuerung

Die Gruber-Crew bedankte sich für diese Übersicht. Sie hatten nun endgültig verstanden, dass sie sich nicht davor drücken durften, andere Menschen zu beeinflussen. Eine solche Einflussnahme war für die Firma wichtig und für die Mitarbeiter selbst ebenfalls. Ihnen war auch klar, dass sie nur ein ehrlich gemeintes Lob aussprechen durften.

Nach einer kurzen Pause fiel ihnen ihre zweite Frage wieder ein. Gottfried Zucker stellte sie: »Ich habe des Öfteren gehört, Kritisieren sei nicht mehr zeitgemäß. Da haben Sie offensichtlich eine ganz andere Meinung?«

Kerstin Leuchter erwiderte: »Allerdings. Ohne Kritik sind Sie als Leader nicht wirkungsvoll. Es ist so, als würden Sie auf einem Klavier nur die rechte Hälfte der Tasten benutzen wollen. Sie könnten kein Stück richtig spielen. Sie müssen auch die tiefen Töne anschlagen. Allerdings gibt es zwei Einschränkungen.« Gespannt richteten sich die Augen der fünf auf die Frau. »Die erste lautet:

Erwägen Sie immer zuerst, umzuleiten.

Das gilt besonders, wenn Sie es mit Kindern oder mit neuen Mitarbeitern zu tun haben.«

»In den Traktaten steht, wir sollten bei mangelndem Engagement nicht umleiten. Warum nicht?«, fragte Inge Salm.

»Weil das meist nutzlos ist«, erläuterte die Geschäftsführerin. »Eine Umleitung eröffnet Ihnen eine zweite Chance zu loben, wenn jemand mangels Kompetenz nicht das gewünschte Ergebnis erreicht hat. Aber wenn jemand genau weiß, was zu tun ist, es aber nicht tut, dann ist das ein Einstellungsproblem. Hier würde eine Umleitung nicht helfen. In einem solchen Fall müssen Sie dem Betreffenden klar mitteilen, dass Sie sein Verhalten nicht akzeptieren können.«

»Das ist dann sozusagen die einzig wirksame Hilfe«, sagte Inge Salm.

»Das ist einmal mehr treffend formuliert«, freute sich Louis Berg.

»Trotzdem fällt mir direkte Kritik schwer«, seufzte Inge Salm.

Kerstin Leuchter erwiderte: »Es hat niemand behauptet, dass es einem leichtfallen muss. Wer wirklich fordern will, muss sein eigenes Harmoniebedürfnis hintanstellen. Gerade wenn Ihnen Mitarbeiter am Herzen liegen, müssen Sie gelegentlich hart sein.«

»Und wenn dieser Mitarbeiter sein Verhalten dann trotzdem nicht ändert?«, fragte Frau Salm nach.

»Dann gilt der Satz:

Wenn du jemanden nicht führen kannst,
dann musst du dich trennen.

Auch wenn das hart sein mag«, erwiderte Kerstin Leuchter ernst. »In einem Unternehmen sind alle aufeinander angewiesen. Wenn ein Mitarbeiter nicht mitzieht und Sie das stillschweigend tolerieren, kann die ganze Firma in Gefahr geraten. Wir können nur mit Menschen zusammenarbeiten, die das auch wollen, die sich dem gleichen Ziel verschreiben und die Visionen der Firma teilen. Die stolz sind auf das, was sie zusammen bewirken. Wer das nicht möchte, würde alle anderen nur aufhalten.«

Ihre Zuhörer waren beeindruckt. Diese ruhige Frau mit ihrer liebevollen Ausstrahlung wusste genau, was sie wollte.

Alfred Specht meldete sich zu Wort: »Sie sagten, es gibt zwei Einschränkungen für den Gebrauch von Kritik. Die erste sei, bei mangelnder Kompetenz zunächst eine Umleitung zu nutzen. Was ist die zweite?«

Inge Salm erwiderte anstelle der Geschäftsführerin: »Ich glaube, ich weiß es. Wir müssen uns immer an die Regeln für ein förderndes Kritikgespräch halten.«

Louis Berg bekräftige: »Genauso ist es. Vergessen Sie dabei niemals die wichtigste Regel:

Trennen Sie immer die Person von ihrem Verhalten.

Sie sollten nie, nie, nie die Person verdammen. Dazu hat niemand ein Recht.«

Kerstin Leuchter kam auf die Agentur zurück: »Beim Brainstorming sammeln wir zunächst nur viele Ideen und schreiben sie auf. Aber später, nachdem wir uns für eine Strategie entschieden haben, müssen wir darauf achten, dass sie im Markt funktioniert. Während dieser Phase reden wir Klartext am runden Tisch. Wir sprechen offen miteinander und nehmen kein Blatt vor den Mund.«

Die fünf Besucher versuchten sich vorzustellen, wie das wohl konkret aussah. Die Frau fuhr fort: »Bei der Ideenfindung sind wir oft albern und reden manchmal großen Unsinn. Das fördert die Kreativität. Bei der Umsetzung darf jedoch kein Fehler passieren, sonst werden Millionen zum Fenster rausgeschmissen. Jeder Fehler wird sofort eliminiert. Wenn es um die Gelder unserer Kunden geht, dürfen wir nicht leichtsinnig sein.«

Manuela Herzlich war beeindruckt: »Sie sind so gutmütig und nett. Und trotzdem können Sie streng sein, wenn es drauf ankommt. Ich kann noch viel von Ihnen lernen.«

Louis Berg bekräftigte: »Kerstin ist eine Seele von Mensch und sie liebt ihre Mitarbeiter von ganzem Herzen. Aber falls nötig, ist sie hart in der Sache, allerdings ohne dabei jemanden persönlich anzugreifen. Das gelingt nur, wenn man sich genau an den Aufbau eines wirkungsvollen Kritikgesprächs hält.«

Die Leader der Gruber AG sahen ihre Fragen beantwortet. Sie bedankten sich aufrichtig und verabschiedeten sich wenig später.

Als sich die Gruber-Führungscrew am nächsten Morgen mit Louis Berg traf, sagte er: »Sie haben nun die Aufgaben, die ein Leader erfüllen muss. Das ist der Kopf, der fragt: *Was muss ich tun?* Außerdem haben Sie die Hilfsmittel. Das sind die Hände, die stehen für die Frage: *Womit kann ich das tun?* Was Ihnen nun noch fehlt, ist das Herz, das fragt: *Wie und warum soll ich das tun?* Ich möchte Ihnen nun die Symbole für das Leading-Simple-System näher erklären.« Er zückte ein Kärtchen.

Nachdem sie es betrachtet hatten, sagte Louis Berg: »Sie erhalten nun die letzten fünf Traktate: nämlich die über die Prinzipien. Erinnern Sie sich, warum Sie sich an Prinzipien orientieren sollten und nicht an ausgezeichneten Führungspersönlichkeiten?«

Alfred Specht antwortete: »Prinzipien zeigen, wie man etwas *tun* soll, Personenkulte wollen einfordern, dass Charaktereigenschaften verherrlicht und übernommen werden. Jeder kann lernen, wie ein wirkungsvoller Leader zu *handeln;* wie ein anderer zu *sein* ist dagegen praktisch unmöglich. Personenkulte schmeicheln dem Star, helfen aber nicht dem Mitarbeiter.«

Inge Salm ergänzte: »Die Verherrlichung von Superstars führt zu Frustration und Resignation. Viele sagen sich: ›Ich bin nicht wie dieser Überflieger, ich kann nicht führen.‹ Und wenn der Star geht, fällt die Firma in ein Loch. So wie bei uns, als der Alte gegangen ist. Mit ihm war auch unsere Orientierung fort.«

Gottfried Zucker sagte: »Als der Alte weg war, hat jeder von uns versucht, seinen eigenen Stil zu entwickeln. Das Ergebnis ist bekannt. Unsere Mitarbeiter hatten keine Möglichkeit, sich einheitlich mit etwas zu identifizieren. Grüppchenbildung, Streit und Arbeitsunlust waren die Folge.«

»Und die Ergebnisse wurden immer schlechter«, vervollständigte Alfred Specht.

Louis Berg nickte und fragte weiter: »Und warum sprechen wir von Prinzipien und nicht von Werten?«

Gottfried Zucker lächelte: »Wir haben aufgepasst. Werte haben eine subjektive Komponente. Und vor allem: Sie können sich wandeln – oft ohne dass es die Menschen bewusst wahrnehmen. Unternehmensprinzipien sind hingegen unabänderlich. Sie bleiben auch dann bestehen, wenn einzelne Mitarbeiter oder der Chef die Firma verlassen.«

Wieder nickte der Mann im Rollstuhl. Dann stellte er sie noch einmal auf die Probe: »Sind Charaktereigenschaften und Prinzipien nicht im Grunde das Gleiche?«

Manuela Herzlich antwortete: »Ich bin fest davon überzeugt, dass da ein riesengroßer Unterschied besteht. Charaktereigenschaften beschreiben, wie ein Mensch ist. Niemand kann so *sein* wie ein anderer. Wir haben aber versucht, die Persönlichkeit des Alten zu kopieren. Diese Versuche sind jämmerlich fehlgeschlagen und führten in eine Sackgasse.«

Alfred Specht ergänzte: »Hingegen kann fast jeder lernen, so zu handeln wie ein Leader. Grundsätzlich geht es in der Führung nicht darum, gewisse Eigenschaften zu haben, sondern auf bestimmte Weise zu handeln. Prinzipien zeigen, wie wir handeln sollten.«

Inge Salm bewies erneut ihr Talent, Sachverhalte treffend zusammenzufassen:

»Charaktereigenschaften zeigen, wie ein Mensch *ist*.
Prinzipien regeln sein *Tun*.
Der Charakter eines Menschen ist nicht duplizierbar,
wohl aber sein Tun.«

Louis Berg strahlte: »Wie fühlt man sich, wenn man ein Thema so gut versteht?«

Manuela Herzlich sagte zögerlich: »Ganz gut …«

»So, so, ganz gut«, neckte sie der Mann im Rollstuhl. »Loben Sie auch Ihre Mitarbeiter so zaghaft oder sind Sie zu etwas überschwänglicherem Lob fähig?« Dann fragte er: »Welche Vorteile hat es, wenn man klaren Prinzipien folgt?«

Es zeigte sich, dass die fünf sich gut erinnerten. Sie trugen schnell sieben Gründe zusammen.

Prinzipien …

- zeigen, wie Aufgaben zu erfüllen sind,
- regeln die unveränderliche Richtung der Firma und geben Orientierung,
- bilden das Herz und das Gewissen der Firma,
- ermöglichen eine Unternehmenskultur,
- geben der Arbeit Sinn,
- ermöglichen Stolz auf die Firma und sich selbst und
- schaffen Identifikation.

Louis Berg lehnte sich zurück und fragte: »War die Aufzählung vollständig?«

Eberhard Wehrlich antwortete: »Ja, sie entspricht genau dem Kärtchen, das Sie uns gegeben haben.«

Der Mann im Rollstuhl drängte: »Und wie fühlen Sie sich, wenn Ihnen bewusst wird, dass Sie die Vorteile bereits auswendig können?«

Eberhard Wehrlich schmunzelte: »Nun, es zeigt, was für außergewöhnlich tolle und engagierte Leader wir sind. Kurz gesagt, wir sind hochkompetent und hochgradig engagiert, stehen also klar auf der vierten Ebene.«

Alle mussten lachen. Der Lagerleiter hatte die Aufforderung zum Selbstlob direkt umgesetzt.

Abschließend fragte Louis Berg: »Wann wollen wir uns wiedertreffen?« Sie einigten sich schnell auf einen Termin zwei Wochen später. Offensichtlich dirigierte er sie nicht mehr – er überließ die Entscheidung jetzt ihnen. Das gefiel ihnen.

11. Die fünf Prinzipien

Als Louis Berg zur verabredeten Zeit erschien, lag die Zusammenfassung der fünf Prinzipien bereits auf seinem Tisch. Nach einer herzlichen Begrüßung las er sie.

DAS ERSTE PRINZIP:

Verantwortung übernehmen

Jeder Mensch ist für drei Fundamente seiner Einstellung zuständig:

Erstens für seine *Identifikation* – jeder muss seinen Platz im Leben finden und dann auch dazu stehen.

Zweitens für seine *Selbstmotivation* – er muss lernen, Ziele zu setzen und diese auch zu erreichen.

Und drittens muss er *Selbstverantwortung* übernehmen – jeder ist verantwortlich dafür, was er aus den Gegebenheiten seiner Arbeit macht.

DAS ZWEITE PRINZIP:

Ergebnisorientierung

Leader wissen: Nur Ergebnisse zählen, Entschuldigungen lassen sie nicht zu. Es geht darum, welche Ergebnisse mit einem bestimmten Zeiteinsatz erreicht werden. Leader leiten ihre Mitarbeiter dazu an, Ergebnisse mehr als die Arbeit selbst zu schätzen, denn so werden sie schneller mit ihrer Arbeit fertig und erzielen bessere Ergebnisse.

Leader geben sich jedoch nicht mit irgendwelchen Ergebnissen zufrieden, sie wollen *ausgezeichnete* Ergebnisse erzielen. Darum verbessern sie sich ständig.

DAS DRITTE PRINZIP:

Konzentration auf Stärken

Wer darauf setzt, seine Schwächen abzubauen, wird allenfalls Mittelmaß erreichen. Leader wollen hingegen wirklich gute Mitarbeiter.

Das gelingt nur, wenn sie deren Stärken ausbauen. Nur wo große Stärken sind, können große Leistungen erwartet und eingefordert werden.

Leader gehen dabei immer vom Ziel aus: Sie formulieren eine passende ergebnisorientierte Aufgabenbeschreibung (kurz: EOA) und suchen Mitarbeiter, die über die entsprechenden Stärken verfügen. Diese Stärken beobachten und coachen sie beständig, wobei sie immer Feedback geben.

DAS VIERTE PRINZIP:

Positives Betriebsklima

Ob in einer Firma außergewöhnliche Leistungen erzielt werden können, hängt stark von dem Klima ab, das dort herrscht. Dazu sollten sich alle auf einige wichtige Regeln verständigen: Nicht jammern, nicht schlecht über andere reden, immer sein Bestes geben, die Zusammenarbeit fördern, miteinander kommunizieren, den anderen verstehen und tolerant sein in Bezug auf persönliche Eigenarten.

Leader leben diese Regeln vor, man erkennt sie an ihrem Verhalten. Nach einem Gespräch mit ihnen hat jeder ein besseres Gefühl – und zwar mit Blick auf die eigene Person, mit Blick auf die Firma und mit Blick auf den Leader.

DAS FÜNFTE PRINZIP:

Vertrauen schaffen

Ob andere einem Leader vertrauen, hängt vor allem davon ab, wie dieser die Welt und sich selbst sieht. Beides kann er nicht über Nacht verändern. Aber er kann bestimmte Fehler vermeiden, die Vertrauen zerstören, und er kann stattdessen durch seine Handlungen Vertrauen aufbauen. Dies gelingt ihm, wenn er kontrolliert, wenn er konsequent handelt, wenn er Erfolge anderen zuschreibt, wenn er ausreichend kommuniziert, wenn er ehrlich und kongruent ist und wenn er eigene Fehler offen zugibt.

Nachdem der Mann im Rollstuhl die kurzen Zusammenfassungen gelesen hatte, legte er die Blätter zurück auf den Tisch und sagte – nichts. Die fünf Leader der Gruber AG warteten ab. Aber Louis Berg zeigte keine Reaktion. Alfred Specht hatte die Texte in Abstimmung mit den anderen geschrieben, er räusperte sich. Doch der Mann im Rollstuhl starrte einfach aus dem Fenster.

»Liegt irgendwo ein inhaltlicher Fehler vor?«, fragte Alfred Sprecht. »Oder was haben wir sonst falsch gemacht?«

Louis Berg zuckte nur mit den Schultern und beachtete den Controller nicht weiter. Der fragte besorgt: »Habe ich Sie mit irgendetwas gekränkt?« Er wurde zusehends nervöser.

»Oder tragen Sie es uns nach, dass wir uns anfangs kindisch verhalten haben?«

Plötzlich verwandelte sich der Gesichtsausdruck von Louis Berg, die Gleichgültigkeit wich einem ernsten Ausdruck: »Ich wollte Sie an zwei wichtige Lehren erinnern: Erstens verunsichern Sie Ihre Mitarbeiter, wenn Sie *überhaupt kein* Feedback geben. Haben Sie bemerkt, wie unruhig Sie geworden sind, als ich nicht reagierte? Und Sie sind ja eigentlich ziemlich selbstbewusst. Was glauben Sie, wie sich neue Mitarbeiter fühlen, wenn sie kein Feedback erhalten?«

Erleichtert nickten die fünf. Sie nahmen sich fest vor, besonders den neuen und unsicheren Mitarbeitern *immer* ein Feedback zu geben.

Louis Berg fuhr fort: »Die zweite Lehre lautet: Bringe deine Mitarbeiter dazu, sich selbst zu loben. Das ist nur scheinbar ein Widerspruch zu der ersten Lehre. Sie sollten nur so lange häufig loben, wie Ihre Mitarbeiter dies wirklich *brauchen*. Sie brauchen es dann nicht mehr, wenn sie gelernt haben, sich selbst zu loben. Ich bin der Meinung, dass Sie alle hier gut in der Lage sind, Ihre Leistungen selbst zu bewerten.«

Die Blicke seiner fünf Schüler kreuzten sich, fiel ihnen doch ein, dass sie sich bei ihrem letzten Treffen bereits selbst gelobt hatten.

Louis Berg erklärte: »Mein Ziel ist es, Sie zu trainieren, um Sie zu fördern, es ist *nicht* mein Ziel, dass Sie von mir abhängig werden –

weder von meinem Lob noch von meiner Kontrolle. Ich gebe Ihnen gern etwas, solange Sie es sich nicht selbst geben können. Aber nicht länger. Ob wir unsere Ziele erreichen, hängt im Wesentlichen davon ab, ob wir uns kontinuierlich steigern.«

Die fünf Leader hatten ihn verstanden. Louis Berg wollte nicht zulassen, dass sie in eine Verhaltensweise zurückfielen, die sie bereits hinter sich gelassen hatten.

Inge Salm fasste zusammen:

»Fördern bedeutet,
von der Außenkontrolle zur Innenkontrolle zu führen
und vom äußeren Lob zum Selbstlob.«

Sofort schob sie nach: »Das war einmal mehr sehr gut auf den Punkt gebracht, nicht wahr? Ich habe da wirklich ein Talent.«

Louis Berg und die anderen lachten laut, sie hatten die Lektion verstanden.

Gottfried Zucker meldete sich: »Wir haben ein Problem ...«

»*Wir* haben kein Problem. Entweder Sie haben ein Problem oder ich. Aber ganz sicher haben wir kein gemeinsames Problem«, entschied der Mann im Rollstuhl sofort.

Der Buchhalter verbesserte sich: »Ich meine, *ich* habe ein Problem.«

»Gut, denn wenn es keine Probleme gäbe, brauchte kein Mensch einen Leader, Sie sind zum Problemlösen eingestellt«, fiel ihm Louis Berg erneut ins Wort. »Verantwortung übernehmen heißt auch, seine Probleme selbst zu lösen.«

Der Buchhalter lief dunkelrot an und begann zu stottern. Der Mann im Rollstuhl schlug vor: »Das ist nicht das erste Problem, das wir miteinander besprechen. Also schildern Sie es bitte und nennen Sie gleich Ihren Lösungsvorschlag.«

Gottfried Zucker erklärte: »Es geht um das vierte Prinzip, das positive Betriebsklima. Mein Stellvertreter hat damit so seine Schwierigkeit. Er behauptet, die meisten seiner Mitarbeiter seien faul und er müsse ihnen ständig in den Hintern treten. Und so weigert er sich, das neue System vollständig zu übernehmen.«

»Okay«, sagte Louis Berg. »Und was ist Ihr Lösungsvorschlag?«

»Ich habe keinen. Mir fällt wirklich rein gar nichts ein«, entgegnete der Buchhalter kleinlaut.

»Wenn Sie keinen Lösungsvorschlag haben, dann haben Sie genau genommen auch kein Problem«, erklärte der Mann im Rollstuhl. »Sie haben nur dann ein Problem, wenn eine Situation vorliegt, die von der gewünschten beziehungsweise notwendigen Situation abweicht. Dazu müssen Sie aber wissen, was wünschenswert beziehungsweise notwendig ist.«

Gottfried Zucker überlegte, dann sagte er: »Ideal wäre es, wenn der Mann es einfach mal ausprobieren würde … wenn er uns zum Beispiel sechs Monate geben würde, um zu zeigen, dass Leading Simple funktioniert. Ich denke, das werde ich ihm vorschlagen.«

Louis Berg fragte: »Was halten die anderen davon?« Alle nickten zustimmend und Berg fuhr fort: »Auch ich halte die Idee für gut. Vielleicht können Sie dem Mann aber außerdem eine Hilfe geben. Wissen Sie, uns allen fällt es leichter, etwas zu tun, wenn wir verstehen, *warum* es funktioniert.«

Seine Zuhörer nickten wieder. Sie lernten ja gerade deshalb so viel von ihm, weil er ihnen stets ausführlich die Gründe erklärte. »Scheuen Sie keine Mühe, zu erklären und zu trainieren«, beschwor Berg sie nun. »Bedenken Sie: Firmen geben rund sechzig Prozent ihres Budgets für die Gehälter ihrer Mitarbeiter aus. *In die Fortbildung dieser Menschen investieren sie aber weniger als ein halbes Prozent*. Meist wird mehr Geld für die Pflege der Firmengebäude ausgegeben als für die Schulung der Mitarbeiter.«

Seinen Zuhörern wurde bewusst, dass der Mann im Rollstuhl nicht übertrieb. Dieser fuhr fort: »Sie kennen alle einen Vogelkäfig mit einem Wellensittich. Oft hängt darin ein Spiegel – haben Sie eine Vorstellung, warum?«

»Ich habe einen Wellensittich«, warf Manuela Herzlich ein. »Der Vogel hält das Bild in dem Spiegel für einen anderen Vogel, mit dem er spielen und kommunizieren kann.«

»Genau«, stimmte Berg ihr zu. »Und Menschen sind schlauer als Vögel, nicht wahr?« Davon waren seine Zuhörer überzeugt.

Aber Berg gab zu bedenken: »Wir betrachten oft die Welt, ohne zu merken, dass sie zu einem großen Teil ein Spiegel ist, ein Spiegel, der unser Innerstes reflektiert, unsere Einstellung zur Welt und zu uns selbst. Wir denken, wir treffen da draußen zum Beispiel auf Mitarbeiter, die nichts mit uns zu tun haben, doch vieles von dem, was wir in ihnen sehen, hat seinen Ursprung in uns.«

Eberhard Wehrlich und Manuela Herzlich nickten bedeutungsvoll. Alfred Specht schien hingegen nicht überzeugt: »Das hört sich für mich wie esoterischer Quatsch an. Schließlich würde das ja bedeuten, dass ein Fehlverhalten meiner Mitarbeiter seinen Ursprung in mir hat. Das geht doch entschieden zu weit.«

Louis Berg antwortete knapp: »Sie haben recht.«

Der Controller war verwirrt und unternahm einen neuen Anlauf: »Es geht mir nicht darum, recht zu haben. Ich meine nur, man darf solche Bilder nicht überstrapazieren.«

»Stimmt genau, da muss man vorsichtig sein«, gab der Mann im Rollstuhl zurück und schwieg. Der Controller rutschte unruhig auf seinem Stuhl hin und her. Schließlich lenkte er ein: »Vielleicht habe ich gar nicht genau verstanden, was Sie sagen wollten ... Könnten Sie mir den Gedanken näher erklären?«

Dazu war Louis Berg sofort bereit: »Da Sie jetzt zu einem höflichen Umgangston zurückgekehrt sind und wirklich verstehen wollen, was ich meine, will ich es gern erklären. Das Bild mit dem Wellensittich beinhaltet drei Lehren für Leader.

Erstens hat jeder die Mitarbeiter, die er verdient und die er anzieht. Schon dadurch ist der Ursprung vieler Situationen stärker beim Leader zu suchen, als viele wahrhaben wollen.

Zweitens prägt ein Leader seine Mitarbeiter stark durch das Bild, das er von ihnen hat. Wer von Menschen denkt, sie seien faul und unfähig, wird sie oft genauso erleben, und wer sie für engagiert und kompetent hält, wird dadurch eine positive Entwicklung in Gang setzen. Wir nennen das eine ›selbsterfüllende Prophezeiung‹.

Und drittens sieht niemand nur seine Mitarbeiter. Jeder sieht in dem anderen auch sich selbst. Denn in unserem Gegenüber spiegelt sich auch unser Weltbild und das Bild, das wir von uns selbst haben. Insofern treffen wir nie nur auf einen anderen Menschen, sondern immer auch auf uns selbst.«

Alfred Specht ließ diese Worte auf sich einwirken. Dann sagte er: »Ich muss darüber eine Zeit lang nachdenken. Ich bin freilich nun sicher, dass mir das Bild vom Wellensittich helfen wird.«

Der Mann im Rollstuhl zückte ein Kärtchen, auf dem die Lehren zusammengefasst waren, und gab es dem Controller.

DER WELLENSITTICH UND DER SPIEGEL:

Du trägst sehr viel Verantwortung.

1. Lehre: Du ziehst die Mitarbeiter an, die du verdienst.

2. Lehre: Du prägst die Entwicklung deiner Mitarbeiter stark durch die Meinung, die du von ihnen hast.

3. Lehre: Du siehst in jedem Menschen immer auch eine Reflexion deines Weltbilds und deines Selbstbilds.

Die fünf lasen das Kärtchen. Sie spürten, dass ihnen das Bild des Wellensittichs tiefe Zusammenhänge des Lebens vermitteln konnte. Sie verstanden, dass sie nicht einfach sagen konnten: ›Meine Mitarbeiter sind noch nicht so weit.‹ *Denn es war ihre Aufgabe, sie so weit zu bringen.*

Manuela Herzlich beschäftigte noch eine Frage. »Habe ich es richtig verstanden, dass ich Engagement beurteilen muss und mir das mithilfe der fünf Prinzipien am besten gelingt?«

»Ich bin Ihnen dankbar für diese Frage«, gestand der Mann im Rollstuhl. »Zu jedem System gehören Regeln. Ein System hat keine Decke – es muss ständig verbessert werden. Daran soll das ›plus ein Prozent‹ erinnern. Ohne Boden hingegen geht es nicht, und den Boden eines Systems bilden Regeln. Unsere fünf Prinzipien zeigen, welche Einstellung in einer Firma gewünscht ist. Sie geben Orientierung und erlauben es uns, Verhalten zu beurteilen.«

Manuela Herzlich hakte nach: »Also wenn ich es richtig verstanden habe, soll ich anhand der Prinzipien das Engagement meiner Mitarbeiter messen und beurteilen. Und ich muss aus meinen Beobachtungen Konsequenzen ziehen. Können Sie mir zu jedem der fünf Prinzipien eine Hilfestellung geben?«

Louis Berg antwortete: »Es ist wichtig, nicht alles zu reglementieren. Besonders bei den Prinzipien sollten Sie sich Spielräume erhalten. Aber natürlich gibt es wichtige Anhaltspunkte:

Achten Sie beim ersten Prinzip – Verantwortung übernehmen – darauf, ob jemand sich voll einbringt, also mit dem ganzen Herzen dabei ist. Fördern Sie besonders solche Mitarbeiter. Niemand sollte befördert werden oder in wichtiger Position sein, der sich nicht voll mit der Firma identifiziert, sich selbst nicht motivieren kann oder nicht die gesamte Verantwortung für seine Ergebnisse übernimmt.

Beim zweiten Prinzip – der Ergebnisorientierung – geht es darum, dass letztlich nur ausgezeichnete Ergebnisse zählen. Trennen Sie sich bewusst von allen, die zu diesen Ergebnissen nicht in der Lage sind – aus welchen Gründen auch immer. Das mag hart erscheinen, aber Sie gefährden ansonsten möglicherweise die gesamte Firma.

Dabei hilft Ihnen das dritte Prinzip, die Konzentration auf Stärken. Nur wo Menschen große Stärken haben, können Sie außergewöhnliche Ergebnisse einfordern.

Fördern Sie diese Stärken, wo immer Sie können, dann werden Ihre Mitarbeiter wirklich gut. Lassen Sie Menschen nur Aufgaben erledigen, die ihren wahren Stärken entsprechen. Gehen Sie in diesem Punkt keine Kompromisse ein.«

Der Mann im Rollstuhl blickte kurz aus dem Fenster und fuhr dann fort: »Sorgen Sie immer für ein positives Betriebsklima, das ist das vierte Prinzip. Lassen Sie nicht zu, dass jemand das Klima nachhaltig vergiftet. Beobachten und urteilen Sie anhand der Regeln für ein positives Betriebsklima, ermahnen Sie, verwarnen Sie. Wenn es nicht anders geht, trennen Sie sich.

Das Gleiche gilt für das fünfte Prinzip, das Vertrauen: Achten Sie darauf, dass sich die zehn Störenfriede des Vertrauens, wie sie in den Traktaten erläutert sind, nicht in Ihrer Abteilung einnisten. Lesen Sie die Traktate immer wieder. Hängen Sie die zehn Regeln des vierten Prinzips und die Liste der zehn Störenfriede des Vertrauens im fünften Prinzip öffentlich aus.«

Die Personalleiterin hatte noch etwas auf dem Herzen: »Und wie reagiere ich bei Fehlverhalten? Sofort kritisieren?«

Louis Berg antwortete: »Wenn jemand gegen Regeln verstößt, gibt es eine einfache Art, ihn darauf hinzuweisen, ohne sofort zu kritisieren. Zeigen Sie ihm eine Gelbe Karte wie ein Schiedsrichter nach einem Foul. In einigen Firmen werden hierzu Kärtchen genutzt, auf denen ein Giftzwerg abgebildet ist.«

Manuela Herzlich war irritiert: »Aber ich zeige diese Gelbe Karte doch wohl nicht öffentlich?«

Der Mann im Rollstuhl lachte: »Natürlich nicht. Sie nehmen den Mitarbeiter entweder zu einem Kritikgespräch beiseite oder zeigen ihm die Gelbe Karte. Beides erfolgt immer unter vier Augen. Die Karte nimmt Ihrer Reaktion etwas die Schärfe, trifft aber den Punkt. Sie sagt: Jetzt musst du wirklich dein Verhalten ändern.«

Alle fanden, dies sei eine gute Idee; sie beschlossen, mit den Giftzwergkarten zu arbeiten.

»Und was ist, wenn jemand sich auf Dauer absolut nicht nach diesen Prinzipien richten will?«, fragte Gottfried Zucker.

Louis Berg entgegnete mit Nachdruck: »Über Ziele kann man verhandeln, über Prinzipien nicht. Wer sie nicht akzeptiert, stellt die Firma selbst infrage, ihre Werte, alles, wofür sie steht. Einen solchen Menschen sollten Sie nicht verurteilen. Jeder hat ein Recht, zu denken, was er will. Trotzdem müssen Sie sich von diesem Mitarbeiter trennen, weil er sich mit der Firma nicht identifiziert, anders ausgedrückt, weil er und die Firma nicht zusammenpassen. Tun Sie das freundlich, aber bestimmt.«

Seine Zuhörer schluckten, weil ihnen die Wahrheit in diesen Worten sofort klar war. Sie notierten:

Leader müssen sich von Mitarbeitern trennen, die die Unternehmensprinzipien nicht akzeptieren.

Manuela Herzlich folgerte: »Ich glaube, ich habe früher Konsequenz mit Unmenschlichkeit verwechselt. Jetzt verstehe ich, dass man im Sinne der Firma konsequent sein muss. Damit schade ich den Betroffenen nicht, sondern helfe ihnen sogar. Denn niemand ist auf Dauer glücklich mit einer Aufgabe oder einer Firma, die ihm nicht entspricht. Kerstin Leuchter hat mich darin noch bestärkt. Konsequent sein ist menschlich.«

Eberhard Wehrlich zeigte sich nachdenklich: »Je mehr Verantwortung ein Leader trägt, umso wichtiger ist es, dass er ein klares Bild von der Welt und sich selbst hat. Dadurch und durch sein Handeln entwickelt er seine Persönlichkeit. Unser Tun prägt unsere Einstellung, und beide zusammen formen unsere Persönlichkeit.«

Louis Berg nickte: »Und weil vieles in und mit uns beginnt, ist es wichtig, dass wir Leading Simple richtig auf den Weg bringen. Wir dürfen nichts dem Zufall überlassen. Sie kennen jetzt die Geschichte von Leading Simple, Sie kennen auch das System und die Traktate. Ihnen fehlt jetzt noch die Verpflichtung ...«

Begierig warteten die fünf Leader darauf, dass der Mann im Rollstuhl ihnen diesen Punkt erklären würde. Sie ahnten: Erst mit der Verpflichtung würde das System richtig wirkungsvoll.

Teil III

Leading Simple: Die Verpflichtung

12. Ein Versprechen an sich selbst

Gespannt warteten die fünf Leader darauf, dass Louis Berg ihnen das Programm erläuterte. Er hatte es Verpflichtung genannt.

Der Mann im Rollstuhl räusperte sich: »Kurz nachdem ich die Traktate erhalten hatte, habe ich sie an die gesamte Führungsmannschaft einer Firma weitergegeben. Das waren 180 Personen. Wir haben die Aufgaben, die Hilfsmittel und die Prinzipien mehrere Tage lang ausführlich besprochen und eingeübt und ich sah damals meine Aufgabe als erledigt an. Nach sechs Monaten habe ich das Unternehmen noch einmal besucht. Was ich sah, war niederschmetternd.«

Seine fünf Zuhörer konnten es nicht fassen. Berg erklärte: »Von den 180 Managern arbeiteten nur noch dreiundvierzig mit dem System. Manche hatten nie damit angefangen und andere hatten nach einiger Zeit aufgegeben. Dreiundvierzig Leader arbeiteten mit dem System und erzielten hervorragende Ergebnisse, aber für die anderen 137 hatte sich nichts verändert. Es war so, als hätten sie Leading Simple nie kennengelernt. Ich fühlte mich hundeelend.«

»Das ist doch nicht Ihre Schuld«, munterte Gottfried Zucker ihn auf. »Schließlich haben Sie Ihr Bestes gegeben. Jeder ist selbst für das verantwortlich, was er mit seinem Wissen anfängt.«

Louis Berg erwiderte: »Das stimmt. Genau das besagt das erste Prinzip: Jeder ist für *seine* Ergebnisse verantwortlich. Das heißt allerdings auch, dass ich für die Ergebnisse verantwortlich bin, die *ich* erziele. Denken Sie daran: Führen heißt, mit der Hilfe anderer die gewünschten Ergebnisse zu erzielen. Ich fühlte: Es reicht nicht, anderen Menschen das System zu geben, ich muss dafür sorgen, dass sie es auch anwenden. Das liegt in meiner Verantwortung.«

»Woher nehmen Sie die Kraft dafür?«, fragte Eberhard Wehrlich.

Der Mann im Rollstuhl antwortete: »Führung ist für mich Leben. Wenn ich eine Frau oder einen Mann sehe, die oder der nicht führen gelernt hat, dann sehe ich oft ein Leben, das nicht vollkommen erfüllt ist. Ich sehe verschwendetes Potenzial. Ich sehe, diesen Menschen sollte jemand dabei helfen, effektiver und glücklicher zu werden. Darin sehe ich meine Aufgabe.

Wir können dieser Wahrheit nicht entkommen: Unsere Fähigkeit zu führen steht in direktem Verhältnis zu dem Erfolg und der Erfüllung, die wir in unserem Leben erfahren. Die meisten Menschen wissen nicht, wie sie Gelerntes wirklich umsetzen können. Sie können nicht zwischen einem Wunsch und einem Ziel unterscheiden. Und so trennt sie ein Abgrund von einem glücklichen und erfüllten Leben. Ich betrachte es als ein Privileg, wenn ich Menschen dabei helfen kann, diesen Abgrund zu überwinden.«

Die fünf Leader spürten, wie ernst es ihm war. Manuela Herzlich fragte: »Und worin besteht der Unterschied zwischen einem Wunsch und einem Ziel?«

Louis Berg führte aus: »Wünsche sind Tagträume von netten Dingen, über deren Umsetzung man nicht ernsthaft nachdenkt. Man weiß darum auch nicht, ob sie jemals Realität werden. Bei Zielen dagegen haben wir uns entschieden, sie innerhalb eines bestimmten Zeitraumes zu erreichen. Dafür brauchen wir einen Plan.«

Wer nicht plant, plant sein Versagen.
Ein Wunsch wird mit einem *schriftlichen Plan* zu einem Ziel.

Manuela Herzlich nickte nachdenklich: »Es geht also darum, dass jeder Einzelne einen Plan erstellt. Und das tun die wenigsten von sich aus. Meine Aufgabe als Leader ist es, meinen Mitarbeitern dabei zu helfen.«

Nach einer kurzen Pause fuhr sie fort: »Aber welche Hilfen können wir konkret anbieten? Ist nicht letztlich die Disziplin jedes Einzelnen maßgeblich dafür, ob er das System umsetzt oder nicht?«

»Natürlich geht ohne Disziplin gar nichts im Leben«, antwortete Louis Berg. »Aber ob jemand diese Disziplin hat, hängt damit zusammen, wie er einige Fragen für sich selbst beantwortet.«

»Welche Fragen?«, wollte die Personalleiterin wissen.

»Wenn wir etwas nur *versuchen*, wird es niemals funktionieren. Es bleibt ein frommer Wunsch. Wir müssen uns bewusst entscheiden, sonst passiert nichts. Unsere Aufgabe ist es nicht nur, Mitarbeitern dabei zu helfen, einen Plan zu erstellen, sondern auch, sie zu einer bewussten Entscheidung zu führen. Und ich sage: Auch das reicht noch nicht aus. Wir müssen uns vielmehr verpflichten.«

»Was meinen Sie mit verpflichten?«, erkundigte sich Manuela Herzlich.

»Wenn wir etwas ändern wollen, dann brauchen wir erstens einen Plan. Wenn wir diesen Plan umsetzen wollen, dann müssen wir uns zweitens ein Versprechen geben, das heilige Versprechen, diese Änderung auch wirklich durchzuführen. Erst mit dieser Selbstverpflichtung können Sie davon ausgehen, dass ein Plan auch umgesetzt wird.«

»Also kann man Folgendes sagen«, fasste Inge Salm zusammen:

»Ein schriftlicher Plan formt aus einem Wunsch ein Ziel. Durch die Selbstverpflichtung erhalten wir die Disziplin zur Umsetzung des Plans.«

»Sehr richtig«, lobte Louis Berg und notierte eine Formel ans Flipchart.

(Plan + Häufigkeit) x emotionale Intensität = Veränderung

Er erläuterte: »Das bedeutet, je disziplinierter wir einen Plan ausführen und je häufiger wir solche Pläne umsetzen und je stärker wir durch die Selbstverpflichtung emotional involviert sind, umso größer die Veränderung.«

»Ich bin mir nicht sicher, ob ich das ganz verstehe«, räumte Gottfried Zucker ein.

»Es wird gleich klarer. Sie werden selbst erleben, was ich meine. Erinnern Sie sich, womit alles beginnt?«

»Mit Fragen, sagten Sie«, antwortete Manuela Herzlich. »Aber wieso kann ich all das allein mit einigen Fragen erreichen?«

Der Mann im Rollstuhl lächelte: »Es gibt keine andere Möglichkeit. Nur mit Fragen lässt sich eine freiwillige Selbstverpflichtung erreichen. Eine Verpflichtung darf niemals aufgezwungen werden und sie muss ernsthaft und tief sein. Hier haben Sie eine Übersicht über die Fragen.«

Er gab ihnen ein Kärtchen, das vorne und hinten bedruckt war. Auf der Rückseite stand die Formel für Veränderung, die Louis Berg schon ans Flipchart geschrieben hatte, auf der Vorderseite lasen sie folgenden Text:

Die Verpflichtung

1. **Wenn du dich und dein Leben heute betrachtest – gefällt dir dann, was du siehst? Leistest du, was du zu leisten imstande bist? Setzt du um, was du dir vornimmst? Möchtest du ernsthaft etwas verändern?**
2. **Welches sind die drei wichtigsten Ergebnisse, die du innerhalb der nächsten sechs Monate erzielen musst, um mit dir zufrieden zu sein?**
3. **Welche Veränderungen musst du dir vornehmen, um diese Ergebnisse zu erzielen?**
4. **Wozu willst du dich verpflichten?**
5. **Wie begründest du deine Entscheidung, etwas zu verändern?**
6. **Hast du dich wirklich entschieden?**
7. **Welche Verhaltensmuster und Gewohnheiten könnten verhindern, dass du deine Ziele erreichst?**
8. **Welche neuen Gewohnheiten musst du annehmen?**

Bergs Stimme unterbrach ihre Gedanken: »Was, glauben Sie wohl, sollten Sie als Nächstes tun?«

Eberhard Wehrlich antwortete spontan: »Wir sollten diese Fragen für uns selbst beantworten. Nur wenn wir uns selbst verpflichtet haben, können wir das von anderen erwarten.«

»Mir gefallen die Fragen gut«, meldete sich Inge Salm. »Und ich verstehe auch den Sinn. Aber sind das nicht Fragen, die ich mir bei *jedem* Ziel stellen muss, also Fragen, die gar nicht speziell auf Führung bezogen sind?«

Louis Berg lächelte: »Wenn es um Ziele geht, dann geht es immer auch um Führung. Nicht immer müssen wir andere führen, aber immer *uns selbst.* Sie können nichts im Leben erreichen, wenn Sie sich nicht selbst führen können.

Die Fragen sind bei jedem Ziel zu stellen, denn jedes Ziel kann nur durch Führung erreicht werden.

Ohne Führung treten Sie auf der Stelle, Sie erreichen gar nichts. Deswegen ist die Fähigkeit zu führen der Unterschied zwischen Erfolg und Versagen, zwischen einem erfüllten Leben und frustrierender Mittelmäßigkeit.«

Der Mann im Rollstuhl händigte ihnen ein Formblatt mit denselben Fragen wie auf den Kärtchen aus, das genügend Platz bot, um die Fragen auch zu beantworten. Sie machten sich sofort an die Arbeit.

Die Leader benötigten eine gute halbe Stunde, denn sie wollten ihre Verpflichtung ernst nehmen. Als sie fertig waren, sagte Louis Berg: »Herzlichen Glückwunsch. Sie haben sich gerade Fragen beantwortet, die sich die meisten Menschen nie stellen. Und da sich die wenigsten diese Fragen stellen, verpflichten sie sich auch nicht. Und wer sich nicht verpflichtet, der erfüllt seine Pläne nicht. Ihm fehlt die Kraft dazu, bei der ersten Schwierigkeit gibt er auf.«

»Gehört die Formel für Veränderung, die unten auf dem Kärtchen steht, in diesen Zusammenhang?«, fragte Inge Salm.

»Danke, dass Sie mich an diese Formel erinnern«, entgegnete der Mann im Rollstuhl. »Sie haben vollkommen recht. Um sich erfolgreich zu verändern, brauchen Sie einen Plan und die Disziplin, diesen Plan auch umzusetzen. Der Turbo jedoch, der letztlich zum Erfolg führt, ist das emotionale Engagement, also das Maß, in dem Sie sich verpflichtet fühlen, Ihre Ziele zu erreichen. Nur indem Sie sich die richtigen Fragen stellen, können Sie sich ernsthaft verpflichten.«

Gottfried Zucker fragte: »Wie gehe ich denn nun am besten vor? Ich kann doch nicht alle meine Mitarbeiter auf einmal verpflichten, oder?«

Der Mann im Rollstuhl antwortete: »Ich weiß nicht, ob das möglich wäre, sinnvoll ist es sicherlich nicht. Stattdessen können Sie zweierlei tun: Erstens sollten Sie Ihre eigene Verpflichtung ernst nehmen. Und zweitens sollten Sie sich verpflichten, zwei Menschen dabei zu helfen, sich ebenfalls zu verpflichten und das System dann umzusetzen.«

Der Buchhalter hakte nach: »Also führe ich mit den zwei Mitarbeitern, die ich ausgesucht habe, ein Gespräch, in dem es um deren Verpflichtung geht. Ich gebe ihnen die Fragen.«

»Genauso ist es«, bestätigte Louis Berg. »Und Sie müssen sie auch kontrollieren. Vereinbaren Sie einen Termin, an dem Sie detailliert über die schriftlichen Antworten auf dem Formblatt sprechen. Die Verpflichtung ist zu wichtig, als dass Sie auf Kontrolle verzichten könnten.«

Der Buchhalter hatte noch eine Frage. »Und wie helfe ich ihnen dann praktisch weiter?«

Louis Berg erwiderte: »Sie helfen, indem Sie sich genau an das System halten, das wir besprochen haben. Sie führen mit dem System. Sie fördern, erfüllen den Firmenzweck. Sie erstellen Systeme und delegieren. Das Ganze kontrollieren Sie. Das sind Ihre Aufgaben. Achten Sie darauf, dass Ihre Mitarbeiter ebenso vorgehen. Unterstützen Sie sie darin. Geben Sie viel Feedback, insbesondere Lob, und besprechen Sie mit den Mitarbeitern EOAs und Budgetpläne. Außerdem beurteilen Sie deren Engagement anhand der Prinzipien: Übernehmen sie Verantwortung, sind sie auf ausgezeichnete Ergebnisse fokussiert? Entspricht ihre Tätigkeit tatsächlich ihren Stärken? Sorgen sie für ein positives Betriebsklima und für Vertrauen?«

Manuela Herzlich sagte: »Ich würde meinen Mitarbeitern gern Kärtchen geben, auf die ich einige anerkennende Worte notiere.«

»Das ist eine hervorragende Idee«, fand der Mann im Rollstuhl. »Tun Sie alles, um die beiden ausgewählten Mitarbeiter zu ermutigen, bei dem System zu bleiben.

Je mehr Wert Sie für andere schaffen, je mehr Sie andere darin bestärken, ihr Leben zu verbessern, umso stärker und erfüllter wird Ihr eigenes Leben werden.«

Seine fünf Zuhörer nickten. Dann fragte Louis Berg: »Wer kann unser Gespräch über die Verpflichtung zusammenfassen? Wie sieht das Programm aus, das Aussicht auf Erfolg hat?«

Automatisch blickten alle auf Inge Salm. Tatsächlich räusperte sie sich schon: »Während des Gesprächs habe ich mir einiges notiert. Wenn ich das überfliege, sehe ich einen einfachen, aber wirkungsvollen Plan vor mir.« Sie ging an das Flipchart und schrieb:

1. sich selbst verpflichten, sechs Monate lang mit Leading Simple zu arbeiten
2. die Traktate allgemein im Unternehmen bekannt machen
3. das System auch emotional erklären
4. zwei Menschen zu einer Verpflichtung anhalten
5. sie sechs Monate lang darin unterstützen

Sie sah Louis Berg an, der fragend zurückguckte. Für einen kurzen Moment erstarrte sie, dann kicherte sie. Sie hatte schon wieder auf ein Lob von ihm gewartet. Listig fragte sie die anderen. Sofort bekam sie zustimmendes Feedback.

Der Mann im Rollstuhl musste nun ebenfalls lachen. »Ich schließe mich dem Urteil Ihrer Kollegen an. Genauso sieht das Verpflichtungsprogramm aus. Und bitte unterschätzen Sie es nicht: Ohne Verpflichtung werden Sie die gewünschten Resultate nicht erzielen. Niemals. Beginnen Sie immer mit einer Verpflichtung.«

Nach einer Weile merkte Gottfried Zucker an: »Irgendetwas scheint mir noch zu fehlen. Ich glaube einfach nicht, dass alles immer so glattgeht. Brauchen wir nicht wie beim Budgetieren eine Art Worst-Case-Plan?«

»Sie haben vollkommen recht«, beeilte sich der Mann im Rollstuhl zu sagen. »Die Analogie zum Worst-Case-Budgetplan gefällt mir. Ein Leader muss immer mitbedenken, was schiefgehen könnte. Um wirkungsvoll zu helfen, müssen Sie wissen, mit welchen Gefahren Sie zu rechnen haben. Im Wesentlichen sind drei Dinge kritisch: Ignoranz, negativer Einfluss und Arroganz. Können Sie sich vorstellen, warum gerade diese drei so gefährlich sind?«

Der Controller antwortete: »Oh ja, das kann ich. Ignoranz begegnet mir fast jeden Tag. Viele Menschen wollen die Wahrheit einfach nicht sehen, sie gehen lieber unter, als dass sie notwendige Änderungen in Angriff nehmen. Ich habe mich lange darüber geärgert, denn ich konnte nicht verstehen, warum jemand den Tatsachen nicht ins Auge sehen will.«

»Ich denke, es ist Flucht«, sinnierte Manuela Herzlich und schob nach: »Letztlich ist es wahrscheinlich Angst.«

Louis Berg sagte: »Manchmal ist es auch Schlampigkeit oder Faulheit. Doch warum auch immer:

Lassen Sie niemals zu,
dass jemand die Wahrheit ignoriert.

Nicht bei sich und nicht bei anderen. Die Versuchung ist groß, aber die Folgen sind fatal. Ähnlich ist es mit der zweiten Gefahr, dem Einfluss.«

»Vorhin sprachen Sie von *negativem* Einfluss«, hakte Manuela Herzlich nach.

»Es muss nicht unbedingt ein unmittelbar negativer Einfluss sein«, entgegnete der Mann im Rollstuhl. »Es geht um jede Form der Beeinflussung durch *unqualifizierte* Personen. Haben Sie eine Ahnung, wer unter diese Kategorie fällt?«

Gottfried Zucker, der Buchhalter, beeilte sich zu sagen: »Da muss ich nur das zweite Prinzip berücksichtigen, dann ist die Antwort klar. Wenn wir ergebnisorientiert arbeiten, dann dürfen wir uns auch *nur ergebnisorientiert beraten lassen*. Das heißt, als Leader sollten wir uns nur Vorbilder nehmen, die Ergebnisse vorzuweisen haben.«

Louis Berg nickte: »So ist es.

Lassen Sie sich niemals von Menschen inspirieren, die nicht die Ergebnisse haben, die Sie anstreben.

In der Praxis heißt das: Hören Sie auf Ihren Chef und auf einen Mentor, der Ergebnisse hat. Punkt.«

Die fünf Leader nickten nachdenklich.

Der Mann im Rollstuhl kam zum nächsten Punkt: »Uns fehlt noch die letzte Gefahr, die Arroganz, sie ist der gefährliche Bruder der Ignoranz. Hüten Sie sich vor Überheblichkeit. Ahnen Sie, warum Arroganz so gefährlich ist?«

Eberhard Wehrlich antwortete: »Ich glaube, im Grunde seines Herzens ist ein arroganter Mensch unsicher. Diese Unsicherheit versucht er mit guter Leistung und gespielter Überlegenheit zu überdecken. Damit zerstört er aber das Klima und hemmt das Wachstum seiner Kollegen und Mitarbeiter.«

Louis Berg bestätigte dies: »Das trifft den Kern des Problems. Bleiben Sie darum demütig und dankbar. Interessieren Sie sich aufrichtig für Ihre Mitarbeiter – dann werden Sie immer wieder deren Wert und deren Einzigartigkeit erkennen.«

»Ich würde«, seufzte Inge Salm, »diese drei Gefahren ja gern knapp zusammenfassen. Aber sie erscheinen mir zu nebelhaft.«

»Da kann ich Ihnen nur recht geben«, pflichtete Louis Berg ihr bei. »Ignoranz, Einfluss und Arroganz wirken wenig konkret. Doch da Sie jetzt um diese Gefahren wissen, werden Sie sie erkennen, wenn Sie Ihnen in der Praxis begegnen. Fast alles, was an menschlichen Problemen auftritt, hat seinen Ursprung in einer dieser drei Gefahren.«

»Das leuchtet mir ein«, ließ sich Eberhard Wehrlich vernehmen. »Ich kann nicht wirkungsvoll mit Mitarbeitern über eine schlecht erfüllte Aufgabe reden, solange diese auf Ratschläge von Leuten hören, die davon nichts verstehen. Ich darf auch keinen arroganten Mitarbeiter befördern, der weder sich selbst noch andere Menschen wirklich mag. Ich würde immer nur über die Folgen seiner Probleme reden, nicht aber über ihre Ursachen. Weiß ich hingegen um die Ursache der Probleme, so habe ich eine Chance zu wirklichen Veränderungen.«

Jetzt fasste Inge Salm zusammen:

»Frage dich bei niedrigem Engagement, ob die Ursachen nicht in Ignoranz, negativem Einfluss oder Arroganz zu suchen sind. Bekämpfe die Ursachen des Problems, nicht die Folgen!«

Louis Berg nickte. Dann sagte er: »Übrigens kann es vorkommen, dass Ihre Mitarbeiter behaupten, nicht genug Zeit für das Leading-Simple-System zu haben. Was können Sie darauf erwidern?«

»Das ist bereits passiert«, informierte ihn Eberhard Wehrlich. »Einer meiner beiden Stellvertreter behauptete, seine Aufgaben würden seinen Tag bereits vollkommen ausfüllen.«

»Und was haben Sie ihm gesagt?«, erkundigte sich Louis Berg.

»Er hat ihn, ohne ein Wort zu verlieren, zu mir gebracht«, schmunzelte Manuela Herzlich. »Er hat auf meinen Affen gezeigt und dann hat er gesagt: ›Ihr Problem ist nicht die Zeit, Ihr Problem sind die Affen.‹ Der arme Mann starrte vollkommen verwirrt auf meinen Affen. Ich habe ihm dann die Bedeutung erklärt.«

Alle mussten lachen, als sie sich diese Szene vorstellten. Der Mann im Rollstuhl sagte: »Diese Lehre ist sehr wichtig:

Leading Simple kostet keine Zeit,
dieses System schenkt Zeit.«

»Was ich absolut bestätigen kann«, warf die Personalleiterin ein.

Louis Berg sagte: »Ich weiß, dass ich mich wiederhole. Aber es ist einfach zu wichtig, um es nur einmal zu sagen. Unterschätzen Sie nie, wie wichtig die Verpflichtung ist, für Sie selbst ebenso wie für andere. Ohne Verpflichtung werden Sie nie die gewünschten Resultate erzielen. Leading Simple verändert die Lebensqualität, Sie dürfen das nicht dem Zufall überlassen.«

Der Mann im Rollstuhl schaute den fünf Leadern in die Augen, einem nach dem anderen. Dann wusste er: Sie alle hatten sich verpflichtet.

* * *

Ein Dreivierteljahr nach diesem Treffen hatte Harald Gruber, den sie immer noch ehrfürchtig den Alten nannten, sie zu einer Versammlung gebeten. Gespannt warteten sie. Ohne sich abzusprechen, waren die fünf Leader lange vor der Zeit in den Versammlungsraum gekommen. Hier hatte alles begonnen. Was hatte sich nicht alles ereignet, seit Louis Berg das erste Mal in diesen Raum gerollt war.

Sie hatten das Leading-Simple-System in der Gruber AG eingeführt. Es gab anfangs einige Schwierigkeiten – das hatten sie allerdings auch nicht anders erwartet. Nach und nach verpflichteten sich immer mehr Mitarbeiter, nach diesem System zu arbeiten.

Sie fühlten sich einfach besser: Sie waren sich sicher, weil sie nun ihre *Aufgaben* kannten. Sie trainierten täglich den Umgang mit den fünf *Hilfsmitteln* und sahen, wie sie immer effektiver wurden. Durch die *Prinzipien* hatten sie Orientierung gewonnen. Und vor allen Dingen waren sie wieder stolz, für die Gruber AG zu arbeiten.

Inzwischen dachten sie dezidiert ergebnisorientiert. So war es ihnen wichtig, dass durch ihre Änderungen der Umsatz im Verhältnis zum Vergleichsquartal um acht Prozent gestiegen war, der Gewinn sogar um einundzwanzig Prozent. Das ging nun schon einige Zeit so, sie erwarteten, dass sich dieser Trend entsprechend fortsetzen würde.

Eberhard Wehrlich war von Harald Gruber zum Vorstandsvorsitzenden berufen worden. Die anderen freuten sich aufrichtig über diese Entscheidung. Der Kreis der fünf Leader hatte sich erheblich erweitert. Sie staunten immer wieder, wie schnell aus vormals unauffälligen Mitarbeitern wirkliche Leader wurden, wenn sie sich einmal dazu verpflichtet hatten. Sie sahen: Leading Simple fördert wirklich Menschen *und* bewirkt Ergebnisse. Das Beste daran war: Das System funktionierte unabhängig von Personen.

Louis Berg hatte inzwischen sein Buch über Leading Simple veröffentlicht und es allen seinen ehemaligen Schülern geschenkt. Sie hatten wiederum dafür gesorgt, dass jeder Mitarbeiter ein eigenes Exemplar erhielt. So konnte jeder selbst entscheiden, was er nachlesen wollte. Und das war gut so, denn jeder traf im Alltag auf andere Herausforderungen. Da war es eine große Hilfe, die entsprechenden Traktate und Dialoge bei Bedarf zur Verfügung zu haben.

Louis Berg und Harald Gruber kamen in den Raum. Beide wurden herzlich begrüßt. Der Firmengründer war alt geworden, aber seine Stimme zog die Zuhörer noch immer sofort in den Bann. »Vor vielen Monaten habe ich Ihnen gesagt, dass etwas Entscheidendes an meinem Lebenswerk fehlte. Ich habe erkannt, dass mein Führungsstil einen gewaltigen Nachteil hatte: Er ließ sich nicht duplizieren, weil er zu sehr von meiner Person geprägt war. Von Louis Berg hatte ich gelernt, wie effektiv ein System ist, das unabhängig von Personen funktioniert. Auf meine Bitte hin hat er Ihnen Leading Simple nahegebracht. Er hat Ihnen die Traktate erklärt; und indem er Ihnen seine Geschichte erzählt hat, gelang es ihm, Sie auch emotional anzusprechen. Ich bin meinem Freund Louis zu großem Dank verpflichtet.«

Harald Gruber ging zu dem Mann im Rollstuhl und schüttelte ihm herzlich die Hand. Dann fuhr er fort: »Aber dann lag es an Ihnen. Sie haben Verantwortung übernommen, Sie haben sich verpflichtet und haben nach und nach die meisten Mitarbeiter unserer Firma für das Leading-Simple-System gewonnen. Die wenigen, die sich nicht damit identifizieren konnten, haben das erkannt und woanders ihr Glück gesucht.

Wenn ich heute durch die Gänge des Unternehmens gehe, dann höre ich Lachen. Ich sehe in stolze und selbstbewusste Gesichter. Ich sehe Mitarbeiter, die ihre Aufgaben kennen und die mehr zu tun haben als ihre Vorgesetzten. Ich sehe Leader, die Zeit haben für ihre Mitarbeiter. Und die Zahlen beweisen, dass der Eindruck nicht täuscht. Sie haben nun mehrmals hintereinander den Umsatz, vor allem aber auch den Gewinn erheblich gesteigert.«

Der alte Mann ließ seine Worte einen Moment einwirken, dann fuhr er fort: »Ich war immer stolz auf Sie – als Fachkräfte. Doch jetzt bin ich auch stolz auf Ihre Qualitäten als *Leader*. Ich weiß: Jetzt kann ich mich wirklich zur Ruhe setzen. Die Firma ist bei Ihnen in den besten Händen.

Ich habe eine Einladung vom Roundtable of Leaders erhalten, ein Sonderprojekt zu leiten. Auf diese neue Aufgabe freue ich mich. Das Leben hat mich reich beschenkt. Es ist nun an der Zeit für mich, etwas zurückzugeben. Das Projekt des Roundtable ermöglicht mir das. Vergessen Sie nie, was Sie Leading Simple zu verdanken haben. *Geben Sie Ihr Wissen weiter.* Verpflichten Sie sich dazu.«

Die fünf Leader versprachen es feierlich. Und während sie es taten, fühlten sie sich auf besondere Art mit dem alten Firmengründer und mit dem Mann im Rollstuhl verbunden. Harald Gruber fuhr fort: »Da ist noch etwas Wichtiges. Sie wissen, dass ich keine Kinder habe, obwohl ich mir immer welche gewünscht habe. In meinem Alter muss ich darüber nachdenken, was mit meinem Lebenswerk geschieht, wenn ich einmal nicht mehr bin. Ich habe die beste aller Lösungen gefunden. Eine Lösung, von der ich weiß, dass sie das Wohlergehen der Gruber AG und aller ihrer Mitarbeiter garantiert ...«

Und so erfuhren die fünf Leader, dass Harald Gruber ihnen einen großen Teil seiner Firma übertragen hatte.

Teil IV

Leading Simple: Die Traktate

Die fünf Aufgaben

1. Menschen fördern
2. Unternehmenszweck erfüllen
3. Systeme schaffen
4. Delegieren
5. Kontrollieren

Die fünf Hilfsmittel

1. Lob
2. Umleiten
3. Kritik
4. Ergebnisorientierte Aufgabenbeschreibung (EOA)
5. Budgetplan

Die fünf Prinzipien

1. Verantwortung übernehmen
2. Ergebnisorientierung
3. Konzentration auf Stärken
4. Gutes Betriebsklima
5. Vertrauen schaffen

13. Die fünf Aufgaben

Die erste Aufgabe: Menschen fördern

Als Leader hast du nur fünf Aufgaben. Diese musst du sehr ernst nehmen. Übe und lerne ständig dazu. Bringe es zur Meisterschaft. Ob du es willst oder nicht, du wirst immer andere beeinflussen. Nutze deinen Einfluss, um Menschen zu fördern.

Manche Menschen meinen, alle anderen seien nur dazu da, ihnen zum Erfolg zu verhelfen. Das sind allerdings keine Leader, sondern Tyrannen. Andere denken, es genüge, bestimmte Ergebnisse für das Unternehmen zu erzielen. Doch gleichgültig, wie erfolgreich deren Arbeit ist: Das Wichtigste fehlt. Wer Menschen führt, muss Menschen fördern. Alles andere ist kein Leadership.

Die Person an der Spitze soll den anderen *dienen*. Das heißt nicht, dass sie deren Arbeit erledigt. Sie soll und darf nicht für andere tun, was diese selbst tun können und sollen. Der Leader ist den anderen ein Diener, indem er sie fördert.

Was heißt das genau? Die meisten Karrieren sind selbstbegrenzend. Menschen werden ausgebildet, um ein bestimmtes Niveau zu erreichen, und bleiben dort stehen. Viele denken, das müsse so sein. Dabei könnten sie viel mehr leisten, als sie ahnen. Es ist deine Aufgabe als Leader, ihnen diese Erfahrung zu ermöglichen. Gib ihnen Aufgaben, an denen sie wachsen, Aufgaben, die immer umfangreicher und komplexer werden.

Fördere Menschen, indem du sie forderst. Sonnenschein allein genügt nicht, um zu wachsen. Auf lange Sicht respektieren und lieben dich deine Mitarbeiter nur, wenn du ihnen hilfst, das Beste in sich zu entwickeln. Natürlich kannst du niemanden fördern, der das nicht will. Du solltest es nicht einmal versuchen. Aber du musst wissen, wie du diejenigen förderst, die dies wollen.

Viele führen – oft mit großem Erfolg – aus dem Bauch heraus. Das hat freilich zwei Nachteile: Zum einen bleibt das meiste dem Zufall überlassen, häufig mehr, als diese Führungskräfte sich eingestehen wollen. Zum anderen – und das ist ganz wesentlich – ist ein solches Vorgehen im Gegensatz zu einem systematischen Vorgehen nicht duplizierbar. Darum solltest du systematisch vorgehen.

Unterschiedliche Menschen und unterschiedliche Situationen erfordern unterschiedliche Führungsstile. Wie ist bei dieser Ausgangslage ein systematisches Vorgehen überhaupt möglich?

Obwohl Menschen verschieden sind, herrschen doch gewisse Gesetzmäßigkeiten. Jeder Mitarbeiter, jede Mitarbeiterin und jede Organisation durchläuft vier Phasen. Diese Phasen sind jeweils durch ein bestimmtes Maß an Kompetenz und Engagement charakterisiert.

Kompetenz ergibt sich aus Wissen und Erfahrung, Engagement aus Zielen und Selbstbewusstsein. Deine Aufgabe ist es, deinen Mitarbeitern zu helfen, möglichst viel Kompetenz und Engagement zu entwickeln. Dazu musst du sie in jeder Phase richtig führen. Die Phase, in der sich ein konkreter Mitarbeiter befindet, kannst du ermitteln, indem du seine Kompetenz und sein Engagement bewertest.

In der *ersten Phase* sind Mitarbeiter von ihrer Arbeit begeistert, haben aber wenig Kompetenz. Sie sind noch nicht richtig eingearbeitet, ihr Vorwissen hilft ihnen nur bedingt. In dieser Phase wirst du wenig helfen und viel lenken. Du übernimmst die Rolle eines Dirigenten, gibst exakte Anweisungen und kontrollierst.

In der *zweiten Phase* ist die Kompetenz etwas gewachsen, das Engagement hingegen gesunken, weil die Flitterwochen vorüber und die ersten Illusionen von der Realität eingeholt worden sind. Heimliche Erwartungen wurden enttäuscht. Der Mitarbeiter ahnt, wie viel er noch lernen muss. Oft will er den Arbeitgeber wieder wechseln. In dieser Phase darfst du nicht ausschließlich dirigieren, du musst auch helfen. Durch gezieltes Training solltest du fachliche Kompetenz vermitteln. Vor allem jedoch solltest du mit dem Mitarbeiter üben, Ziele zu setzen, und indem du ihm hilfst, diese zu erreichen, stärkst du sein Selbstbewusstsein und zugleich sein Engagement.

Die *dritte Phase* gibt den Ausschlag. Der Mitarbeiter hat inzwischen hohe Kompetenz, aber sein Engagement schwankt. Aufgrund seines Wissens hält er sich für hervorragend, er leidet jedoch unter Gefühlsschwankungen. Er kann sich noch nicht selbst führen. Mal ist er hochengagiert bei der Sache, ein andermal vollkommen unmotiviert. Hier hilfst du mit gutem Zureden nur bedingt. Du solltest jetzt viel helfen und wenig dirigieren. Der Mitarbeiter muss in dieser Phase wirklich gefordert werden. Nun sind manchmal Kritik und eine gewisse Härte vonnöten. Denn es wäre zu schade, wenn ein Mensch in dieser Phase hängen bleibt.

Hat ein Mitarbeiter die *vierte Phase* erreicht, kannst du aufatmen. Er hat keine Zweifel mehr und sich selbst im Griff. Er zeichnet sich jetzt durch hohe Kompetenz und hohes Engagement aus, beherrscht sich selbst und die Sache. Nun kannst du delegieren. Da ist jemand, dem du volle Verantwortung geben kannst und musst.

Die wenigsten Führungskräfte kennen diese vier Phasen, und so haben sie sich auf einen gleichbleibenden Führungsstil festgelegt. Sie führen entweder autoritär oder wollen immer helfen, wieder andere wollen Teamplayer sein. Das hat den Nachteil, dass sie alle Mitarbeiter über einen Kamm scheren. Jeden gleich behandeln bedeutet aber nicht Gerechtigkeit, sondern Gleichmacherei. Du würdest die Langsamen überfordern und die Schnellen ausbremsen. Vor allem jedoch würdest du deine wichtigste Aufgabe nicht erfüllen: mit System Menschen zu fördern. Gleich behandelt werden sollten nur diejenigen, die Gleiches leisten.

Achte auf bestimmte *Gefahren*, die in jeder Phase lauern:

- In der ersten Phase, die durch niedrige Kompetenz und hohes Engagement charakterisiert ist, sollst du *dirigieren*. Hüte dich davor, zu viel vorauszusetzen und diese Phase überspringen zu wollen.
- In der zweiten Phase, in der die Kompetenz etwas angestiegen, das Engagement dagegen gesunken ist, sollst du *trainieren* und Unterstützung anbieten, sonst wirst du unnötig viele Mitarbeiter verlieren.
- In der dritten Phase, die durch hohe Kompetenz und schwankendes Engagement gekennzeichnet ist, musst du die Mitarbeiter *fordern*. Sei hier nicht zu weich und verständnisvoll. Du hilfst ihnen damit nicht.
- In der vierten Phase, in der hohe Kompetenz und hohes Engagement zu beobachten sind, sollst du *delegieren*. Du musst jetzt loslassen können und Vertrauen haben, allerdings auch weiter kontrollieren. Als Leader musst du immer kontrollieren.

Für alle Phasen gilt:

- Überspringe keine Phase, etwa weil du die Entwicklung eines Mitarbeiters beschleunigen willst. Das würde nicht funktionieren.
- Hüte dich bei alldem davor, Menschen zu verletzen. Nimm dir den Künstler zum Vorbild, der aus einem groben Stück Holz eine Buddhaskulptur schnitzt. Wenn du ihn nach seinem Geheimnis fragst, so antwortet er: Du darfst den Buddha nicht verletzen.
- Fördere deine Mitarbeiter, indem du ihnen hilfst, ihre Stärken auszubauen – und nicht ihre Schwächen abzubauen.

Und so gelingt's:

Bestimme zunächst, in welcher Phase sich jeder deiner Mitarbeiter befindet. Erkläre allen Mitarbeitern, dass du sie mit diesem System gezielt fördern willst. Erläutere ihnen die vier Phasen und sage ihnen, dass der Führungsstil sich nach der Phase richtet, in der sie sich befinden.

Die zweite Aufgabe: Den Unternehmenszweck erfüllen

Einige Führungskräfte beschränken sich darauf, ihre Mitarbeiter zu fördern. Sie glauben, der Erfolg stelle sich dann automatisch ein. Aber das sind keine Leader, sondern Träumer. Tatsächlich musst du beides tun: Menschen fördern und den Unternehmenszweck erfüllen. Erst wenn du diese beiden Hauptaufgaben erfüllst, bist du ein wirkungsvoller Leader. Es geht um Menschen und um Resultate, das lässt sich nicht trennen.

Jedes Unternehmen hat einen individuellen Zweck. Darüber hinaus haben jedoch alle Wirtschaftsunternehmen ein und denselben Zweck – Gewinn hereinholen. Die individuelle Zwecksetzung der Unternehmen unterscheidet sich: Ford beispielsweise wollte den Menschen mit preisgünstigen Autos das Leben leichter machen, während Edison Licht in das Leben der Menschen bringen wollte.

Jedes Unternehmen wurde geschaffen, um einen individuellen Zweck zu erfüllen. Deswegen bist du dabei: Du sollst und willst helfen, diese Idee umzusetzen. Wer den individuellen Zweck seines Unternehmens nicht kennt, wird niemals wirkungsvoll führen.

Kennst du den Zweck deines Unternehmens? Unternehmen bieten bestimmte Dienstleistungen oder Produkte an. Ihr Angebot unterscheidet sich von denjenigen anderer Unternehmungen. Im Idealfall bist du stolz auf dein Unternehmen, weil es deiner Meinung nach zum Wohlergehen der Menschen beiträgt und die Welt buchstäblich dadurch besser wird.

Was den allgemeinen Zweck betrifft, sind alle Wirtschaftsunternehmen gleich: Sie müssen Gewinn erwirtschaften. Dabei gilt es zwei Extreme zu vermeiden.

Erstens darf die Devise nicht »Gewinn um jeden Preis« lauten. Das Gewinnstreben darf niemals auf Kosten anderer oder unseres Planeten gehen. Ein Unternehmen, welches das verstanden hat, wird den Kreis der Anspruchsträger weit fassen, also Verantwortung nicht nur für Kunden und Mitarbeiter, sondern auch für deren Familien, Zulieferer, Stadt oder Kommune, den Planeten und so weiter übernehmen. Es wird Verantwortung übernehmen für Gegenwart und Zukunft. Es wird die Weichen so stellen, dass es auch in hundert Jahren noch existiert und wichtiger Bestandteil seiner Region ist. Es ist nicht an schnellem Profit interessiert, stattdessen setzt es auf Nachhaltigkeit.

Zweitens aber darf kein Leader das Ziel, Gewinn zu erwirtschaften, ignorieren, das wäre das andere Extrem, das in letzter Konsequenz zum Tod des Unternehmens führt. Hierüber darfst du dich keinen Illusionen hingeben.

Gewinn ist nicht Selbstzweck, sondern Mittel zum Zweck. Kein Unternehmen kann ohne Geld bestehen und seine Idee umsetzen. Ohne Gewinn kann es keine Gehälter zahlen, keine Ausbildung gewährleisten, keine Sozialleistungen finanzieren, kein Wachstum generieren, keine Entwicklung anstoßen, keine Investitionen für die Zukunft tätigen ... Ohne Gewinn verlieren alle.

Jeder Leader muss erstens dafür sorgen, dass möglichst viele Mitarbeiter den individuellen Unternehmenszweck kennen, an ihn glauben und sich dafür einsetzen. Das eint und bündelt die Energien. Je fokussierter die Menschen innerhalb des Unternehmens für dessen Zweck arbeiten, umso effektiver ist es. Und er muss zweitens sicherstellen, dass eine Gewinnkultur entsteht. Die Idee muss so umgesetzt werden, dass *Umsatz* gemacht wird. Gleichzeitig dürfen die *Kosten* einen bestimmten Rahmen nicht sprengen. Eine Gewinnkultur beinhaltet beides: Umsatz generieren, indem du Kunden Nutzen bringst, und Kosten senken.

Leider wird beides oft vernachlässigt. Der individuelle Zweck wird nicht hinreichend betont, sodass die Mitarbeiter nicht wissen, wie wertvoll der Beitrag ihrer Firma für ihr Land oder die Welt ist. Und so haben sie niemals den Stolz entwickelt, der die Quelle einer gesunden Eigenmotivation ist.

Stattdessen meinen einige, sie sollten ein Unternehmen als Karrieresprungbrett gebrauchen. Sie denken nur an sich und identifizieren sich nicht mit den Zielen des Unternehmens. Zeig ihnen, dass sie sich am besten helfen, indem sie dem Unternehmen helfen. Wer das Unternehmen und seine Ziele an die erste Stelle setzt, kann mit einer höheren Bedürfnisbefriedigung rechnen als derjenige, der sich selbst als die Nummer 1 wähnt.

Viel zu oft gerät auch der Zweck aus dem Blick, der allen Wirtschaftsunternehmen gleich ist. Werde nicht müde darin, eine Gewinnkultur zu schaffen. Für manche Menschen ist das nicht nur positiv besetzt. Sie sagen: »Ich habe kein Interesse daran, dass die Besitzer meiner Firma oder einige Großaktionäre sich eine goldene Nase verdienen.«

Zeig ihnen, dass eine solche Einstellung nicht hilfreich ist, weder für die Firma noch für sie selbst. Denn die Konsequenz wäre, sich zurückzuhalten. Wer sich aber zurückhält, der limitiert sich und wird wirkungslos. Wer auf kleiner Flamme kocht, verliert die Freude an seiner Arbeit, schadet dem Unternehmen und sich selbst.

Und so gelingt's:

1. Verinnerliche den individuellen Zweck deines Unternehmens. Warum kannst du stolz darauf sein? Warum wird die Welt durch diese Firma zu einem besseren Ort?
2. Sorge dafür, dass deine Mitarbeiter diesen Zweck verstehen. Sprich bei jeder Gelegenheit darüber.
3. Sorge dafür, dass eine Gewinnkultur entsteht, indem du einerseits hilfst, *Kosten zu sparen*. Rede immer wieder über Kosten, so werden deine Mitarbeiter kostenbewusster. Wenn es in

deiner Macht steht, schaffe ein Programm, das jeden Mitarbeiter belohnt, der konkret Kosten spart. Und andererseits musst du darauf abzielen, den *Umsatz zu erhöhen*. Selbst wenn du den Umsatz nicht direkt beeinflussen kannst, kannst du indirekt dazu beitragen, indem du immer dein Bestes gibst, deine Sach- und Führungsaufgaben stets hervorragend erfüllst und zu jeder Zeit dasselbe von deinen Mitarbeitern einforderst. Trag deinen Teil dazu bei, dass eure Kunden begeisterte Fans werden, finde immer neue Wege, um ihre Erwartungen nicht nur zu erfüllen, sondern zu übertreffen.

4. Fördere insbesondere die Mitarbeiter, die den individuellen Zweck deiner Firma verstehen und sich damit identifizieren und die gleichzeitig helfen, Kosten zu sparen und den Umsatz zu erhöhen.

Die dritte Aufgabe: Systeme schaffen

Grundsätzlich gibt es zwei Wege, Mitarbeiter zu führen. Du kannst es *direkt* tun, aber du kannst auch *indirekt* durch Systeme führen. Bei einem Fomel-1-Rennen wird der Unterschied deutlich.

Was geschieht, wenn der Fahrer per Funk sein Team über ein Problem informiert? Sofort wird der Chef eine Anweisung geben. Er führt in diesem Fall direkt. Auf der anderen Seite sind viele Organisationsabläufe festgelegt. Ein Boxenstopp ist zum Beispiel exakt durchgeplant. Hier bestimmt das System, wer was wann übernimmt.

Solange es Menschen gibt, musst du immer direkt führen. Dennoch gilt: *Langfristig bist du umso effektiver, je mehr du über Systeme führst.* Die indirekte Führung hat erhebliche Vorteile. So ist die Firma unabhängiger von Einzelpersonen. Zudem ergeben sich weniger Fehler, weil die Systeme perfektioniert werden. Alle sparen Zeit, indem die Abläufe immer effizienter werden. Nur durch Systeme lässt sich eine Minimalleistung *beständig* erbringen, sodass Vertrauen geschaffen werden kann. Last, not least hat der Leader mehr Freiräume, weil die täglichen Abläufe im Unternehmen auch ohne ihn funktionieren.

Wer das verstanden hat, sollte begeistert sagen: Ich werde Systeme schaffen. Doch viele Führungskräfte wollen keine Systeme, weil sie befürchten, sich selbst überflüssig zu machen. Sie pflegen eine Ohne-mich-funktioniert-hier-gar-nichts-Mentalität und halten sich für erfolgreich, wenn sie Abhängigkeiten kreieren.

Aber das Gegenteil ist der Fall: Je besser ein Unternehmen *ohne* dich arbeitet, desto *wertvoller* bist du. Mach dich so schnell wie möglich entbehrlich. Wenn du auf einer Ebene deiner Karriere selbstlaufende Systeme eingerichtet hast, bist du bereit für die nächste Ebene. Als Leader fühlst du: Es warten immer neue, noch interessantere Herausforderungen auf dich.

Viele versäumen es, Organisationsformen zu etablieren, weil ihnen andere Dinge dringender erscheinen. Doch Unvorhergesehenes darf auf keinen Fall dein Tagesgeschäft bestimmen, zumindest darf das nicht zum Normalfall werden. Je besser deine Systeme sind, umso weniger Unvorhergesehenes geschieht. Klag deshalb nicht über chaotische Umstände. Wenn du das tust, klagst du dich selbst an. Schließlich ist es ja deine Aufgabe, durch Systeme Ordnung zu schaffen.

Lass dich nicht dazu verführen, mehr als nötig *direkt* zu führen. Wer es versäumt, wirkungsvolle Systeme zu installieren, muss das mit direkter Führung ausgleichen. Es wird sich dann alles gar nicht oder nur sehr langsam weiterentwickeln. Frage dich immer: Führe ich gerade direkt oder schaffe ich ein System? Bildlich gesprochen: Schleppe ich gerade Eimer oder baue ich eine Pipeline? Ein Leader tut nicht nur die Dinge richtig, er tut vor allem die richtigen Dinge.

Wenn du Systeme entwickeln willst, führt dein Weg über die *Einfachheit.* Schwieriges und Komplexes kannst du nicht systematisieren. Nur was einfach ist, lässt sich standardisieren. Du musst folgende Kette verstehen:

Idee → vereinfachen → System → multiplizieren → Erfolg

Nur eine einfache Idee lässt sich systematisieren. Systeme lassen sich multiplizieren. Und nur eine vervielfachte Idee wird groß.

Wenn du eine Idee multiplizierst, schaffst du Erfolg. Dafür muss die Idee einfach sein. Prüfe darum, ob du dich nicht von allen Bereichen trennen kannst, die du nicht vereinfachen und systematisieren kannst.

Bei allen deinen Systemen musst du auf *zwei* Klippen achten:

Zum einen darf die Organisationsform niemals starr und unflexibel sein. Lass nicht zu, dass notwendige Veränderungen an der Bequemlichkeit einiger Mitarbeiter scheitern. Heute ändert sich alles sehr schnell – sorg dafür, dass sich deine Systeme an die neuen Gegebenheiten anpassen. Schaff lernende Systeme.

Zum anderen darfst du nicht den Betrieb um deine Mitarbeiter herum organisieren. Das ist der Weg des geringsten Widerstands, doch werden die Ergebnisse nicht ausreichen, um dem Unternehmen das nötige Wachstum zu sichern. Es wäre nicht konkurrenzfähig. Überleg vielmehr, welche Ergebnisse du erreichen willst, und suche Mitarbeiter, deren Stärken zu dieser Aufgabe passen.

Und so gelingt's:

1. Stelle fest, wie es in deinem Bereich tatsächlich aussieht: Gibt es klare Abläufe oder wird viel improvisiert? Das Ergebnis deiner Analyse musst du nun mit der Unternehmensidee abgleichen. Frage dich: Habe ich in meinem Bereich die entsprechenden Systeme geschaffen, um die Idee meiner Firma umzusetzen?
2. Lege detailliert fest, welche Prozesse du entwickeln musst. Du musst deine Aufgaben klar definieren.
3. Bestimme, welche Stärken Mitarbeiter haben sollten, um mit diesem System die gewünschten Ergebnisse zu erzielen.

4. Such die Mitarbeiter, die über diese Stärken verfügen.
5. Entwickle eine Aufgabenbeschreibung, in der die Prozesse genau aufgelistet sind. Lass kein Detail aus. Diese Beschreibung sollte so klar und präzise sein, dass ein neuer Mitarbeiter sich mit ihrer Hilfe schnell einarbeiten kann.
6. Fass die Beschreibungen aller Systeme deines Bereiches in einem Handbuch zusammen. Du kannst es zum Beispiel SOP nennen – die Abkürzung steht für Standard Operating Procedures.

Die vierte Aufgabe: Delegieren

Stell dir Aufgaben als Affen vor. Sie sitzen auf den Schultern der Menschen und warten darauf, dass man sich um sie kümmert. Kennst du Führungskräfte, die sich unter der Last ihrer Aufgaben krümmen? Sie halten es für ehrenwert, viele Affen mit sich herumzutragen.

Viele nehmen ihren Mitarbeitern auch noch *deren* Affen weg. Statt Leader sind sie Aufgabendiebe geworden. Schließlich schleppen sie eine ganze Affenhorde und wollen dafür auch noch Anerkennung erhalten. In Wahrheit weichen sie nur ihren eigenen Aufgaben aus.

Hüte dich vor den Affen anderer. Du kennst die Situation: Ein Mitarbeiter kommt mit einem Problem zu dir und du siehst schon von Weitem den Affen auf seiner Schulter sitzen. Jetzt darfst du nicht zulassen, dass der Affe auf *deine* Schulter klettert. Du sollst Mitarbeitern helfen, aber nicht *für sie* arbeiten. Du verschwendest deine Zeit, und du unterstellst ihnen, nicht selbst in der Lage zu sein, das Problem zu lösen. So raubst du ihnen die Möglichkeit, sich zu entwickeln. Je mehr Dinge du für sie regelst, umso abhängiger werden sie von dir.

Hüte dich vor einem Übermaß an Aufgaben. Frag dich: Wer hat eigentlich mehr zu tun – meine Mitarbeiter oder ich? Die meisten Menschen in leitender Funktion arbeiten zwanzig bis vierzig Prozent mehr als ihre Mitarbeiter. Das kannst du dir nicht leisten. Du brauchst Freiräume für deine Führungsaufgaben. Du solltest die Hälfte deiner Zeit freihalten für deine Mitarbeiter, für Unvorhergesehenes und für Probleme.

Eine deiner wichtigsten Aufgaben ist es, *nicht zu viel zu arbeiten.* Wenn du eine Arbeit selbst erledigst, halten sich Input und Output die Waage, wenn du delegierst, erhältst du für wenig Input viel Output.

Manche Menschen meinen, alles selbst am besten zu können. Sie sind keine Leader, sondern komische Käuze. Erfolgreich leben heißt, mit anderen erfolgreiche Verbindungen einzugehen. Ein zu großes Ego nimmt anderen Menschen die Luft. Es fördert nicht, sondern verstümmelt. Denk immer daran: Deine Mitarbeiter sind das Wertvollste, was dir bei deiner Arbeit zur Verfügung steht. Behandele sie entsprechend und werde ein Meister im Delegieren. Wer nicht delegieren kann, ist nicht teamfähig. Große Leistungen werden in Unternehmen von Teams vollbracht. Es gilt: *Keiner von uns ist so schlau wie wir alle zusammen.*

Warum haben so viele Manager so wenig Zeit und ihre Mitarbeiter nie genug Arbeit? Unterschätze niemals das Potenzial deiner Mitarbeiter. Sie können oft viel mehr, als du ahnst. Du wirst überrascht sein: Die meisten Affen sind bei deinen Mitarbeitern besser aufgehoben als bei dir. Und woher weißt du, dass du deine Mitarbeiter gut behandelst und dass du genügend delegierst? Du erkennst es daran, wenn sie *weniger* Zeit haben als du. Frag dich darum regelmäßig: Was könnte ein anderer erledigen? Was muss ich nicht mehr selbst übernehmen?

Lasse nicht zu, dass Aufgaben auf zu hoher Ebene erledigt werden. Sie müssen immer auf der niedrigstmöglichen Organisationsebene behandelt werden. Die Versuchung ist groß, fast alles an die kompetentesten Mitarbeiter zu delegieren. Du weißt, dass sie alles gut und schnell erledigen. Aber dann tragen diese Mitarbeiter zu viele Affen. Überleg darum, wer diese Aufgabe auch erledigen kann. Man sollte nicht den zweiten Mann im Unternehmen bitten, etwas zu kopieren.

Erlaube niemals, dass weiterdelegiert wird. Das stellt deine Beurteilungsfähigkeit infrage. Wenn du einen Mitarbeiter beim Weiterdelegieren ertappst, frag ihn: »Glauben Sie, dass Sie besser beurteilen können als ich, wer diese Aufgabe erledigen sollte?« Das ist hart, aber Weiterdelegieren ist gefährlich, denn niemand fühlt sich dann wirklich verantwortlich, sodass das gewünschte Ergebnis kaum eintreffen wird.

Viele wissen nicht genau, wer eigentlich die Verantwortung trägt, wenn sie delegieren. Richtig ist, die Verantwortung *nach innen* an Mitarbeiter abzugeben, *nach außen* und *nach oben* jedoch die Verantwortung zu behalten. Gib deinem Mitarbeiter alle Vollmachten, die er für seine Aufgabe benötigt; er trägt natürlich auch die Verantwortung – dir gegenüber. Aber wenn etwas schiefgeht, darfst du vor anderen niemals die Schuld auf ihn schieben. Nach außen hin bist *du* verantwortlich. Nur im persönlichen Gespräch mit deinem Mitarbeiter ergründet ihr die Fehler, die *er* zu verantworten hat.

Und so gelingt's:

Delegieren heißt zurücktreten, damit andere loslegen können. Überleg zunächst und immer wieder, welche Arbeiten du delegieren kannst. Wäge das Risiko ab und entscheide, an wen du delegieren wirst. Führ das Gespräch mit diesem Mitarbeiter in sechs Schritten:

1. Schildere ihm, *was* er tun soll.
2. Sag ihm, was die Aufgabe im Einzelnen umfasst.
3. Erkläre ihm präzise, *warum* die Aufgabe wichtig ist.
4. Bitte ihn, die Aufgabe mit eigenen Worten zu wiederholen – hat er alles verstanden?
5. Nenne ihm die Vollmachten und Hilfsmittel. Übergib ihm die Verantwortung.
6. Setz immer ein Kontrolldatum. Bei längeren Projekten solltest du Etappenziele festlegen, die du kontrollierst.

Die fünfte Aufgabe: Kontrollieren

Stell dir vor, du sitzt in einem Auto und dein Tacho funktioniert nicht, du kannst nur vage schätzen, wie schnell du bist. Auch die Tankanzeige und die Temperaturanzeige sind ausgefallen, du hast keine Ahnung, wann dir das Benzin ausgeht. Sollte sich der Motor überhitzen, würdest du es erst bemerken, wenn es zu spät ist.

Würden dir diese Kontrollanzeigen nicht fehlen – als wichtige *Orientierungshilfe*? Wohl kaum ein Mensch würde behaupten: »Meine Freiheit ist durch diese Kontrollinstrumente eingeschränkt.« Und doch kontrollieren viele Menschen in leitenden Positionen nicht gern – aus Angst vor den Reaktionen ihrer Mitarbeiter. Du kannst jedoch nicht fördern und delegieren, ohne zu kontrollieren. Es wäre so, als würdest du Menschen auffordern, ohne die genannten drei Kontrollanzeigen Auto zu fahren.

Wer nicht kontrolliert, *fördert die Schwächen* seiner Mitarbeiter und fordert Nachlässigkeit, Unvermögen, manchmal auch Missbrauch geradezu heraus. Schon im Vaterunser heißt es: »Und führe uns nicht in Versuchung.« Menschen tun nicht unbedingt, was du erwartest, sondern was du kontrollierst. Wenn du kontrollierst, *förderst du ihre Stärken* und ermöglichst optimale Leistung.

Sicher gibt es Vorgesetzte, die Kontrolle als Machtinstrument missbrauchen. Sie wollen andere kleinhalten und Überlegenheit demonstrieren. Das sind freilich keine Leader, sondern Diktatoren. Ein Leader weiß: Ich muss für meine Mitarbeiter tun, wozu sie selbst noch nicht in der Lage sind, Kontrolle ist dabei eine Aufgabe und eine Hilfe, auf die ich nicht verzichten darf. Deine Mitarbeiter haben ein Recht auf Kontrolle. Allerdings fühlen sich nicht alle wohl bei diesem Gedanken.

Einige Menschen mögen nicht kontrolliert werden, sie haben Angst vor Versagen und Ablehnung. Diese Angst legt sich, wenn du deinen Mitarbeitern erstens erklärst, dass du sie nicht beschnüffeln, sondern ihnen helfen willst, und dass sie nur Angst haben müssten, wenn du nicht kontrollieren würdest. Denn dann hätten sie keine Chance zur Korrektur – und der Schaden fiele erst auf, wenn es zu spät wäre.

Zweitens nimmst du ihnen die Angst, indem du die Kontrolle transparent gestaltest. Wenn deine Mitarbeiter wissen, was sie erwartet, fassen sie Vertrauen. Du kennst bereits die Macht wirkungsvoller Systeme. Nutze sie und schaffe ein Kontrollsystem, das jeder Mitarbeiter genau kennt.

Sag deinen Mitarbeitern, dass du Kompetenz und Engagement kontrollieren wirst. Kompetenz kannst du objektiv messen, Engagement musst du nach deiner subjektiven Einschätzung beurteilen.

Kompetenz zeigt sich nur in Form von *messbaren Ergebnissen*. Dabei musst du unterscheiden, ob du eine Arbeit *delegiert* hast oder ob es sich um etwas handelt, was ohnehin zum Aufgabenbereich des Mitarbeiters gehört. Wenn du so delegiert hast, wie in der vierten Aufgabe beschrieben, bleibt kein Raum für Missverständnisse. Die Ziele sind klar und du überprüfst die Ergebnisse zur festgelegten Zeit.

Bei *Aufgaben, die ohnehin zum Aufgabenbereich des jeweiligen Mitarbeiters gehören*, solltest du zusammen mit ihm die Kriterien für die Kontrolle festlegen. Hier darfst du nur *eindeutige* Kriterien zulassen, damit jeder klar feststellen kann, ob eine Aufgabe erfüllt oder nicht erfüllt wurde. Solche Kriterien können sein: Wurde der Budgetplan eingehalten? Wurde die vereinbarte Zahl von Kunden pro Tag angerufen? Wurde die festgelegte Zahl offener Posten bearbeitet?

Besonders wichtig ist, dass deine Mitarbeiter lernen, sich selbst zu kontrollieren, denn sie sollen die vierte Phase erreichen und eigenverantwortlich arbeiten. Dafür sind *schriftliche Berichte* sinnvoll. Sobald eine umfangreiche delegierte Arbeit beendet wurde, sollten sie zeitnah und unaufgefordert die wichtigsten Punkte zusammenfassen und dir den Text zukommen lassen. Auch für wiederkehrende Aufgaben sollten die zeitlichen Abstände des Reportings ausgehandelt werden: Soll es wöchentlich, monatlich oder vierteljährlich erfolgen? So gelingt es, Kontrolle zu *systematisieren*. Und du hast einen großen Teil der Kontrolle an deine Mitarbeiter delegiert.

Bedenke dabei: Berichte sollen Diener, keine Herren sein. Sie sollten deshalb kurz – maximal eine Seite – und gut lesbar sein.

Du musst nach jedem Bericht ein Feedback geben, und zwar am besten sofort. Das gelingt am leichtesten, indem du die Kopie des Berichts mit einigen handschriftlichen Bemerkungen versiehst und ihn umgehend an den Mitarbeiter zurückgibst. Für dich als Leader gilt: Jeder schriftliche Bericht, auf den du nicht reagierst, ist ein nutzloser Bericht. Der Verfasser wird glauben, er habe eine überflüssige Arbeit getan oder schlecht gearbeitet.

Achte darauf, dass du nicht zum Sklaven deines Systems wirst, und kontrolliere nur das Wichtigste. Für den Rest reichen Stichproben.

Das *Engagement* zu kontrollieren erscheint im Vergleich dazu erheblich schwieriger, weil du ohne solch klare Kriterien Verhalten einschätzen musst. Doch daran führt kein Weg vorbei. Du darfst Engagement nicht ignorieren. Wie wolltest du sonst entscheiden, ob ein Mitarbeiter nach den Prinzipien des Unternehmens vorgeht und in welcher Phase er sich befindet? Nur wenn du auch das Engagement eines Mitarbeiters beurteilst, weißt du, wie stark du seine Kompetenz kontrollieren musst.

Es gilt: Je neuer ein Mitarbeiter und je niedriger das Engagement, umso mehr musst du kontrollieren.

Aber wie gehst du am besten vor? Du musst den Mut haben, nach deiner subjektiven Beobachtung zu urteilen. Darauf solltest du deine Mitarbeiter vorbereiten. Erkläre ihnen, dass deine Beurteilung zwar *subjektiv* ist, aber *keinesfalls willkürlich*. Am glaubwürdigsten gelingt das, wenn du deine Einschätzung mit Beispielen untermauerst.

Scheue keine Mühe, um diese Beispiele zu finden. Beobachte deine Mitarbeiter und halte deinen Eindruck von ihrem Engagement in Stichpunkten schriftlich fest. Viele Leader führen ein spezielles Journal, in das sie eintragen, wie ihre Mitarbeiter arbeiten und ob sie sich nach den Prinzipien der Firma richten, aber auch, wie sie es mit der Pünktlichkeit halten. Weitere Punkte können sein: Arbeitseinsatz, Ehrlichkeit, soziales Verhalten, Akzeptanz von Kollegen, Lernbereitschaft, Entwicklungsgeschwindigkeit, besondere Stärken, Konzentration, Ausdauer, Zuverlässigkeit …

Und so gelingt's:

1. Entwickle ein Kontrollsystem für Kompetenz und Engagement und erkläre es deinen Mitarbeitern.
2. Überprüfe die wichtigsten Ergebnisse anhand der schriftlichen Berichte deiner Mitarbeiter. Gib ihnen immer ein schnelles Feedback. Kontrolliere weniger Wichtiges stichprobenartig.
3. Beobachte das Engagement, halte Beobachtungen zu konkretem Verhalten schriftlich fest und urteile aufgrund der Prinzipien des Unternehmens und nach deiner subjektiven Einschätzung.
4. Führe persönliche Gespräche, um Feedback zu geben. Nutze dazu die Hilfsmittel Lob, Umleiten und Kritik, die im nächsten Kapitel erläutert werden.
5. Beende die Zusammenarbeit mit einem Mitarbeiter, der sich nicht kontrollieren lassen will.

14. Die fünf Hilfsmittel

Das erste Hilfsmittel: Lob 

Lob ist das wichtigste Hilfsmittel, um Menschen zu fördern. Mit nichts anderem kannst du Selbstbewusstsein so gut aufbauen. Als Leader trägst du große Verantwortung: *Mit einem einzigen Lob kannst du ein Leben für immer positiv verändern*. Dabei ist es nicht so entscheidend, wie oft du lobst, entscheidend ist, wie das Lob aufgenommen wird.

Das hängt immer von zwei Faktoren ab. Erstens ist wichtig, wie sehr der andere auf ein Lob von *dir* Wert legt. Je mehr er dich anerkennt und je bedeutender du ihm erscheinst, desto wertvoller ist dein Lob für ihn. Zweitens spielt eine Rolle, ob du *meisterhaft* zu loben verstehst. Ein unpräzises Lob wirkt schnell wie billige Schmeichelei. In diesem Fall richtet es eher Schaden an.

Es liegt allein an dir, wie dein Lob angenommen wird. Du bist verantwortlich für beide Faktoren. Indem du dich als Leader ständig verbesserst, wird dein Lob immer willkommener. Und auch für das Loben gilt: Übung macht den Meister.

Beginne, indem du nach Dingen suchst, die du loben kannst. Denk bitte nicht: »An diesem Menschen gibt es nichts zu loben.« Wenn jemand für dich arbeitet, dann sollte er immer auch positive Seiten haben. Es liegt an dir, diese Seiten zu entdecken. Lerne, deine Mitarbeiter dabei zu *ertappen*, etwas Gutes zu tun. Beobachte sie genau. Lobe nicht nur Ergebnisse, sondern auch Fortschritte. Lobe Kleinigkeiten. Warte nicht, bis sie sich so verhalten, wie du es willst.

Du solltest dabei immer den großen *Vorteil von Systemen* nutzen: Sie ermöglichen ein Minimum an beständiger Leistung. Nutze also ein System, damit du *automatisch* in einem bestimmten Maß lobst. Du kannst dir zum Beispiel angewöhnen, jeden schriftlichen Bericht daraufhin zu lesen, ob du etwas loben kannst. Dann schreibst du dein Lob handschriftlich an den Rand und gibst eine Kopie an deinen Mitarbeiter zurück – und zwar so schnell wie irgend möglich.

Du weißt bereits, dass Schmeichelei schadet. Dein Lob darf darum niemals anbiedernd wirken. Es gilt: Je unpräziser ein Lob, desto billiger ist es zu haben und desto eher wirkt es wie Schmeichelei. Lobe darum immer präzise. Halte dich an folgenden einfachen Vier-Schritte-Plan:

- Erster Schritt: Sag, *was* dir gut gefallen hat.
- Zweiter Schritt: Erkläre genau, *wo, wie und wann* dir das aufgefallen ist.
- Dritter Schritt: Teil dem Mitarbeiter mit, *warum* dir das so gut gefällt, zum Beispiel weil es für das Projekt oder das Betriebsklima wichtig sei oder weil deine eigenen Stärken nicht in diesem Bereich liegen.
- Vierter Schritt: Ermutige den Mitarbeiter, so *weiter*zuarbeiten.

Und so gelingt's:

1. Lob auch dann, wenn es auf anderen Gebieten nicht optimal läuft. Dein Mitarbeiter ist nicht verantwortlich für Dinge, die ihn nicht betreffen. Er hat ein Anrecht auf Lob.
2. Du musst den Vier-Schritte-Plan wieder und wieder trainieren. Fang sofort damit an. Wen kannst du jetzt loben? Wen noch?
3. Hilf denen, die du lobst, das Lob würdig anzunehmen.

Auf ein präzises Lob antwortet ein Leader übrigens einfach mit: »Danke«. Bei einem weniger präzisen Lob fragt er nach: »Was genau hat Ihnen so gut gefallen?«

Das zweite Hilfsmittel: Umleiten

Es gibt nur vier Möglichkeiten, wie du auf die Arbeit deiner Mitarbeiter reagieren kannst: keine Reaktion, Kritik, Lob und Umleiten. Was glaubst du, welche dieser vier Möglichkeiten die schlechteste ist? Die erste, also keine Reaktion. Und welche der vier kommt am häufigsten vor? Leider auch die erste, und so werden Menschen systematisch demotiviert.

Du kannst jede der drei anderen Möglichkeiten einsetzen, aber eins darfst du niemals – nicht reagieren. *Wer Menschen kein Feedback gibt, zeigt ihnen, dass er ihre Arbeit für wertlos hält.* Sie werden zuerst verunsichert und reagieren dann ängstlich und demotiviert und schließlich gleichgültig. Wer Arbeit nicht bewertet, zerstört Menschen. Darum ist es so wichtig, dass du deine fünfte Aufgabe erfüllst: Kontrolle. Kontrolle ermöglicht und systematisiert Feedback.

Du musst *immer* ein Feedback geben. Du sollst loben – so stärkst du deine Mitarbeiter. Das ist dein erstes Hilfsmittel. Wie aber reagierst du bei Fehlverhalten und mangelhaften Leistungen? Natürlich kannst du gelegentlich kritisieren, sofern du nicht die Kompetenz von Mitarbeitern in der ersten oder zweiten Phase kritisierst. Kritik in der ersten und zweiten Phase schadet in der Regel mehr, als sie nützt, solche Kritik zerstört nur das berufliche Selbstbewusstsein der Mitarbeiter. (Das gilt übrigens auch für Kritik an Kindern.)

Viele Führungskräfte handeln wie Möwen: Sie lassen ihre Mitarbeiter allein, bis ein Fehler entdeckt wird, und dann stürzen sie sich mit viel Gekreisch auf den Betroffenen. Solch ein Verhalten ist eines Leaders unwürdig.

Deshalb solltest du immer überlegen, bevor du kritisierst, ob du nicht umleiten kannst. Sicher konntest du schon einmal einem Stau ausweichen, indem du einer Umleitung gefolgt bist. Vermeide Kritik, wann immer es möglich und angebracht ist.

Grundsätzlich stehen dir für das Umleiten zwei Möglichkeiten zur Verfügung.

Du kannst zum einen die *Aufgabenbeschreibung präziser formulieren.* Liegt die Schuld womöglich ohnehin bei dir, weil du dich nicht klar ausgedrückt hast? Das passiert auch guten Leadern öfter, als sie auf den ersten Blick meinen. Gib dem Mitarbeiter eine zweite Chance, die Aufgabe so zu erledigen, dass er gelobt werden kann.

Zum anderen kannst du deinem Mitarbeiter eine *neue Aufgabe* geben – eine, für die er besser geeignet ist. Hier wird dir das vierte Hilfsmittel von großem Nutzen sein, die ergebnisorientierte Aufgabenbeschreibung. Eventuell kannst du Überlegungen deines Mitarbeiters einbeziehen. Auch bei einer neuen Aufgabe ergibt sich eine zweite Chance für Lob.

Zu berücksichtigen ist in jedem Fall, ob das Problem aufgrund von mangelnder Kompetenz oder mangelndem Engagement entstanden ist. Bei Kompetenzdefiziten ist das Umleiten in vielen Fällen angebracht, zum Beispiel wenn eine bestimmte Arbeit falsch angepackt wurde. Bei mangelndem Engagement ist das Umleiten selten sinnvoll. Wenn dein Mitarbeiter ständig unpünktlich ist oder schlampig arbeitet, hilft es wenig, wenn du ihm eine neue Aufgabe gibst.

Umleiten kannst du nur in einem *persönlichen Gespräch.* Nun sind Gespräche zwischen zwei Menschen immer so eine Sache: Zwei Welten stoßen aufeinander. Überleg dir im Vorfeld, wie sich dein Gesprächspartner während und nach der Unterhaltung fühlen wird. Versuche zu erahnen, an welcher Stelle welche Hindernisse auftauchen könnten. Es geht nicht darum, recht zu haben. Wichtiger ist, was hilfreich ist. Und nimm dir fest vor, gut zuzuhören. Du darfst niemals annehmen, du wüsstest bereits, was der andere sagen will. Am besten stellst du dir genau vor, welches Ergebnis du erreichen willst.

Das Umleiten ist nicht der leichteste Weg, sondern mit Mühe verbunden. Aber es lohnt sich, über diese Alternative nachzudenken und über den Verlauf des Gesprächs, auch wenn es viel leichter wäre, einfach mit Kritik »draufzuhauen«. Und wenn du das Umleiten meisterlich zu nutzen lernst, wirst du bald eine neue Ebene erklimmen. Trainiere also gewissenhaft – die Anstrengung zahlt sich aus.

Und so gelingt's:

1. Drücke Anerkennung aus.
2. Beschreibe das unbefriedigende Ergebnis beziehungsweise das Problem. Beschreibe nüchtern die Fakten, klage nicht an.
3. Erkläre die negativen Folgen.
4. Lenke nun das Augenmerk auf die Zukunft. Wähle eine der beiden Umleitungsmöglichkeiten:
   a) Du hast dich schlecht ausgedrückt.
   b) Du vergibst eine neue Aufgabe. Beziehe den Mitarbeiter eventuell mit ein. Jeder folgt lieber seiner eigenen Idee.
5. Lege das Ergebnis fest: Was ist zu tun? Was genau? Bitte deinen Mitarbeiter zu spiegeln, was du gesagt hast. Halte das Ergebnis schriftlich fest.
6. Drücke dein Vertrauen aus.

Das dritte Hilfsmittel: Kritik

Ein kritisches Feedback ist zwar besser als gar kein Feedback, aber du solltest zuvor prüfen, ob du nicht umleiten kannst. Wie erwähnt, solltest du neue Mitarbeiter gar nicht oder, wenn unbedingt nötig, ganz vorsichtig kritisieren. Wenn sich Kritik nicht vermeiden lässt, halte dich exakt an die Regeln für ein wirkungsvolles Kritikgespräch.

Du trägst eine gewaltige Verantwortung. *Wenn du falsch kritisierst, kannst du buchstäblich Leben zerstören.* Trainiere, andere auf eine Weise zu kritisieren, dass sie dich respektieren, dir für die Kritik dankbar sind und außerdem ihr Verhalten ändern wollen. Um das zu erreichen, sind einige Vorüberlegungen notwendig:

Frag dich zunächst, ob du dir *sicher* bist. Woher weißt du, dass ein mangelhaftes Verhalten vorliegt? Weißt du es aus erster Hand? Wenn nicht, ist deine Quelle sicher?

Prüf dich dann selbst: Ist dir die Person, die du kritisieren willst, sympathisch? Schreibe fünf bis zehn Punkte auf, die du an ihr schätzt. Nur so fühlt dein Gegenüber, dass du wirklich helfen willst. Der andere spürt, dass du nur deshalb so enttäuscht bist, weil du viel von ihm hältst. Frage dich kritisch: Wann habe ich diesen Mitarbeiter das letzte Mal gelobt? Wer kritisiert, sollte zuvor immer etwas auf das Beziehungskonto eingezahlt haben.

Lass niemals einfach nur Dampf ab. Frag dich: Was ärgert mich wirklich? Will ich tatsächlich helfen?

Vielleicht sagst du: »Das ist aber ganz schön viel Vorbereitung.« Und du hättest recht damit. Aber die meisten Menschen kritisieren viel zu viel. Wenn du dich wie gerade beschrieben vorbereitest, wirst du weniger kritisieren. Und das wird hilfreich sein.

Kritik ist kein Mittel, um zu schulen und die Kompetenz eines Mitarbeiters zu steigern. Sie ist ein Mittel, um Einstellungsproblemen zu begegnen, und dient lediglich dazu, leistungsstarke Mitarbeiter wieder auf die Spur zu setzen, wenn ihr Engagement nachlässt.

Kritik ist prinzipiell gefährlich. Notiere dir darum anfangs Stichpunkte, die du mit in das Gespräch nimmst. Und beachte folgende Regeln:

1. Die wichtigste Regel lautet: Du darfst niemals die Person selbst infrage stellen. Trenne immer zwischen dem Menschen und seiner Handlung. Kritisiere, was er getan hat, niemals, was er ist. Du willst in Zukunft ein bestimmtes Verhalten verhindern und nicht den Menschen verlieren.
2. Kritisiere nie im ersten Ärger, wohl aber zeitnah. Sammle nicht negative Beobachtungen, bis sich die angestaute Wut in einem großen Ausbruch entlädt. Kritik darf sich immer nur auf *ein* aktuelles Verhalten beziehen. Sie sollte möglichst nicht schriftlich und niemals vor anderen erfolgen.
3. Erlaube keine Entschuldigung. Frag also niemals, warum die Person etwas getan hat. Du forderst sie sonst regelrecht auf,

nach Gründen und Entschuldigungen zu suchen; deine Kritik würde dann an Wirkung einbüßen. Wer sich rechtfertigt, sucht in der Vergangenheit. Dadurch ändert sich aber nichts. Sag lieber: »Mich interessieren keine Umstände aus der Vergangenheit. Mir liegt allein daran, wie wir die Situation lösen und ähnliche Ergebnisse in Zukunft vermeiden.«

4. Behaupte nicht, mit deiner Sicht der Dinge immer recht zu haben. Auch deine Kritik ist letztlich Ausdruck deiner Sicht der Dinge. Das machst du ganz deutlich, indem du sagst: »Ich mag nicht, was du getan hast.« So drückst du *deine Gefühle* aus und verhinderst sinnlose Diskussionen über Recht und Unrecht.
5. Gib dem anderen eine Chance, sein Verhalten selbst zu beurteilen. Er sollte nicht sein Gesicht verlieren. Außerdem folgt jeder Mensch lieber seinen eigenen Erkenntnissen.
6. Berühr den anderen niemals, während du ihn kritisierst. Du würdest sonst eine unbewusste negative Assoziation zu deiner Person installieren.
7. Bring deinen Gesprächspartner wieder zurück in den positiven Bereich. Kritik »zerlegt« den Kritisierten. Geh darum nicht fort, ohne den Betroffenen wieder »zusammengesetzt« zu haben. Nur so stellst du sicher, dass dein Mitarbeiter über *sein* Verhalten nachdenkt – und nicht über deins.
8. Du solltest nie länger als eine Minute verwenden, um dem anderen deine Gefühle zu beschreiben. Und wenn die Kritik vorbei ist, ist sie vorbei. Verfall nie in den Fehler, sie immer wieder auf den Tisch zu bringen.

Und so gelingt's:

1. Bau zuerst Vertrauen auf. Sag, was dir gut gefällt. Benenne dann den Punkt, den du nicht magst. Teile deine Gefühle darüber mit.
2. Sei nun still. Lass deine Kritik wirken. Dein Gesprächspartner hat

jetzt die Chance, zu reagieren. Falls nötig, frag ihn nach seinem Urteil.

3. Erkundige dich anschließend: *Was* werden Sie *tun?* Signalisiere deinem Gegenüber, dass du darauf vertraust, dass die Änderung erfolgt. Nun bist du wieder im positiven Bereich.
4. Verabschiede dich freundlich.

Das vierte Hilfsmittel: Die ergebnisorientierte Aufgabenbeschreibung (EOA)

Häufig bleibt es dem Zufall überlassen, wie ein Mitarbeiter seine Aufgaben wahrnimmt. Selbst wenn er sie zu kennen meint, weicht seine Vorstellung oftmals nicht unerheblich von der seines Chefs ab. Dadurch entstehen zahllose unnötige Schwierigkeiten.

Jeder Mitarbeiter hat ein Recht auf einen klar beschriebenen Bereich, für den er verantwortlich ist. Eine solche Beschreibung heißt EOA, ein Akronym, das für »ergebnisorientierte Aufgabenbeschreibung« steht.

Menschen können ohne *genaue* Aufgabe keine *Resultate erzielen,* und ohne Resultate können sie sich nicht selbst überprüfen, wachsen und mit sich selbst zufrieden sein. Wer auf ergebnisorientierte Aufgabenbeschreibungen verzichtet, nimmt seinen Mitarbeitern diese Chance.

Einige Manager setzen ihre Mitarbeiter willkürlich ein, als Mädchen für alles, häufig auch noch mit der Rechtfertigung: »Ein guter Mitarbeiter ist sich für nichts zu schade.« Solche Manager sind keine Leader, sondern Chaoten. Zwar ist der Satz nicht falsch – aber nur, solange er die Ausnahme bleibt. Wird er zur Regel, zerstört er Mitarbeiter. Solange sich jemand nicht als Mädchen für alles bewirbt, sollte er auch nicht so eingesetzt werden.

Allerdings ist eine EOA auch niemals ein Schutzschild, hinter dem sich Mitarbeiter verstecken können – nach dem Motto: Ich beschränke mich auf das, was in meiner Stellenbeschreibung steht. Die ergebnisorientierte Aufgabenbeschreibung bestimmt den *Hauptfokus*. Darüber hinaus ist Flexibilität unabdingbar.

Bei der ergebnisorientierten Aufgabenbeschreibung geht es um *Ergebnisse*. Es kommt nicht in erster Linie darauf an, ob sich ein Mitarbeiter eine Aufgabe zutraut oder ob er sie mag. Ein renommierter Fußballclub wird auch nicht irgendeinen Menschen einstellen, der gern Mittelstürmer wäre, sondern jemanden auswählen, der in der Vergangenheit viele Tore geschossen hat.

Ebenso solltest du dich in Einstellungsgesprächen darauf konzentrieren, ob der Bewerber bereits die Ergebnisse erzielt hat, die du erwartest. Es ist deine Aufgabe, den Unternehmenszweck zu erfüllen, und dafür brauchst du Mitarbeiter, die ihre Aufgabe beherrschen. Hier solltest du möglichst auf Experimente verzichten.

Lass es nicht so weit kommen, dass einzelne Mitarbeiter, die keine Ergebnisse bringen, zu deinem persönlichen Steckenpferd werden. Natürlich kannst du einem Mitarbeiter eine andere Aufgabe zuweisen. Aber wenn er auch dort erfolglos bleibt, musst du dich trennen können. Suche geeignete Mitarbeiter für eine EOA, statt endlos eine geeignete EOA für einen Mitarbeiter zu suchen.

Beachte eine wichtige Unterscheidung: Eine *reine Arbeitsplatzbeschreibung* orientiert sich an den *Aufgaben* und nicht am Ergebnis, sie beschreibt, *wie* eine Arbeit durchgeführt werden soll, nicht, welches *Resultat* erwartet wird.

Reine Arbeitsplatzbeschreibungen führen dazu, dass Menschen eine Aufgabe unnötig in die Länge ziehen – in der Meinung, ihre Aufgabe zu tun. Erfahrungen zeigen, dass Mitarbeiter unter solchen Bedingungen weniger Erfolge erzielen. Für dich als Leader bedeutet dies, dass eine effektive Kontrolle fast unmöglich wird, denn es ist viel schwerer, Tätigkeiten zu kontrollieren als Ergebnisse.

Eine ergebnisorientierte Aufgabenbeschreibung unterscheidet sich erheblich von einer Arbeitsplatzbeschreibung. Sie legt den Fokus auf definierte *messbare Ergebnisse*, die im Rahmen einer Aufgabe erzielt werden sollen. Damit verlagert sich die Perspektive von der Arbeit auf das Ergebnis der Arbeit. *Als Leader musst du deine Mitarbeiter lehren, Ergebnisse zu lieben.*

Erst wenn du Ergebnisse formulierst, wird ihnen ihre Aufgabe wirklich klar. Angenommen, du stellst jemanden für die Telefonzentrale ein. In einer Aufgabenbeschreibung würde stehen: »Nimmt Telefongespräche entgegen.« Eine EOA für die gleiche Stelle würde lauten: »Nimmt Gespräche spätestens nach dem dritten Klingeln an, begrüßt den Anrufer freundlich und hilfsbereit und vermittelt ihn zu dessen voller Zufriedenheit weiter; sollte der gewünschte Mitarbeiter nicht innerhalb von fünfzehn Sekunden erreichbar sein, notiert er das Anliegen und reicht es weiter.«

Eine EOA dient also den Mitarbeitern dazu, sich über ihre Aufgabe und die erwarteten Ergebnisse klar zu werden. Damit sind ihnen die Erwartungen bekannt, und sie haben eine messbare Größe, um ihre Leistung zu beurteilen. Dir hilft die EOA bei der Auswahl der Mitarbeiter und bei der Kontrolle. Darüber hinaus ist es leichter, bei Ausfällen eine Vertretung zu finden.

Und so gelingt eine gute ergebnisorientierte Aufgabenbeschreibung:

1. Notiere alle Aufgaben eines Arbeitsplatzes – wirklich alle. Ordne die Aufgaben nach Wichtigkeit.
2. Formuliere zu jeder Aufgabe ein messbares Ergebnis. Feile an diesem Schritt so lange, bis du sämtliche Aufgaben in einer eindeutigen Ergebnissprache formuliert hast.
3. Wenn ein Mitarbeiter diese Aufgabe bereits innehat, so besprich alle diese Schritte mit ihm.

Und folgendermaßen lässt sich die fertige EOA einsetzen:

1. Überleg, ob einer deiner Mitarbeiter Stärken und Fähigkeiten hat, die sich mit den Anforderungen der EOA decken.

2. Geh keine Kompromisse ein. Wenn du größere Zweifel hast, such lieber einen neuen Mitarbeiter.
3. Besprich die Anforderungen der EOA mit dem Mitarbeiter deiner Wahl. Lasse ihn sie mit seinen Worten wiederholen beziehungsweise spiegeln.
4. Leg gegebenenfalls zusammen mit ihm Ziele und Teilziele fest, lass auch diese spiegeln. Frag ihn, ob er die gewünschten Ergebnisse liefern kann.
5. Kündige klar an, wann und wie du kontrollieren wirst und wann du einen schriftlichen Bericht erwartest.
6. Kontrolliere anhand der EOA die schriftlichen Berichte oder stichprobenartig am Arbeitsplatz des Mitarbeiters.

Das fünfte Hilfsmittel: Der Budgetplan

Kein anderes Hilfsmittel wird so wenig gewürdigt und darum auch so selten verwandt wie der Budgetplan. Manager sagen oft entschuldigend: »Ich mag keine Zahlen und keine trockenen Budgetpläne.« Wer so denkt, ist kein Leader, sondern ein Ignorant. Führen heißt Einfluss nehmen. *Ohne Zahlen hast du niemals echte Macht.* Ohne Zahlen kannst du niemals Verantwortung übernehmen.

Budgetpläne haben vier große Vorteile. Wenn du diese verinnerlichst, wirst du Zahlen lieben lernen. Budgetpläne sind das beste Hilfsmittel, um

1. Ziele zu planen,
2. deren Erfüllung zu kontrollieren und
3. neue Mitarbeiter einzuarbeiten. Wer einen Budgetplan erstellt, wird sich schneller als jeder andere in die Natur einer Abteilung und einer Firma hineindenken. Beim ersten Mal stimmt der Plan fast nie, sodass du deinen Mitarbeiter bitten musst, ihn zu über-

arbeiten. Aber dann kannst du davon ausgehen, dass er verstanden hat, worum es wirklich geht.

4. Der vielleicht größte Vorteil eines Budgetplans liegt darin, dass er das wirkungsvollste Kommunikationsinstrument bildet.

Die meisten Unternehmen haben sich weder auf eine einheitliche Sprache geeinigt, noch haben sie entschieden, worüber sie eigentlich reden wollen. Wird das dadurch verursachte Chaos offensichtlich, sagen sie sich: »Wir müssen lernen, besser miteinander zu kommunizieren«, und buchen eine passende Schulung. Was nützt jedoch ein solches Training, wenn jeder eine andere Sprache spricht und über andere Inhalte reden will – je nach den eigenen Werten und Meinungen? Wirtschaftsunternehmen müssen nicht nur Gewinn erwirtschaften, ebenso wichtig ist es, dass alle Unternehmensangehörigen eine Sprache sprechen. Sie brauchen eine Maßeinheit, auf der jede Kommunikation aufbaut. Diese Maßeinheit muss so klar sein, dass jeder weiß, was gemeint ist. Es darf keinen Raum für Missverständnisse geben. Da Gewinn der einheitliche Zweck aller Wirtschaftsunternehmen ist, bietet sich Geld als Maßeinheit an.

Rede also die Sprache des Geldes. Rede über Geld und Gewinn – und der Raum für Missverständnisse schwindet. Klingt das kalt und berechnend in deinen Ohren? Du musst wissen: Zahlen und Geld haben keine Temperatur, sie sind immer das, was du daraus machst. Wenn du sie zur Grundlage deiner Kommunikation erhebst und als das Lebensblut deiner Firma verstehst, dann werden sie spannend und lebendig. Abgesehen davon hast du ohnehin keine Wahl. In einem Wirtschaftsunternehmen funktioniert nur diese Sprache.

Gewöhn dir also an, *alle* Ziele in die Sprache des Geldes zu übersetzen und in Form eines Budgetplans zu kommunizieren. Unterschätz dieses Hilfsmittel niemals. Wer nicht budgetiert, lädt zu einem großen Sumpf von Unselbstständigkeit, Missverständnissen und Missbrauch ein.

Ein Budgetplan ist indessen bedeutungslos, solange kein bestimmter Mitarbeiter für seine Umsetzung verantwortlich ist. Auf jedem

Plan muss der Name des Verantwortlichen stehen. Du musst exakt festlegen:

- *Wer* ist verantwortlich?
- *Was* soll getan werden?
- *Warum* soll es getan werden?
- *Wie* soll es getan werden?
- *Welche* Einnahmen und Kosten, gegebenenfalls welcher Cashflow sind zu erwarten?

Ein Budgetplan ohne Kontrolle bleibt theoretisches Geplänkel. Du musst kontrollieren, warte nicht bis zum Jahresende damit. Wenn du den Budgetplan mit deinem Mitarbeiter besprichst, solltet ihr gemeinsam Kontrolltermine vereinbaren. Zu diesen Zeiten wird dir dein Mitarbeiter unaufgefordert schriftliche Berichte vorlegen, die den Soll-Zustand mit dem Ist-Zustand vergleichen.

Überprüf *positive und negative* Abweichungen. Sollten stärkere negative Abweichungen aufgetreten sein, so bitte den Mitarbeiter um Vorschläge zu Gegenmaßnahmen. Auf diese Weise förderst du ihn, sich selbst zu kontrollieren und eigene Lösungen zu suchen. Gleichzeitig hast du die Sicherheit, dass du rechtzeitig korrigierend eingreifen kannst.

Die positiven Abweichungen sind die wichtigsten Wegweiser zu Chancen und Stärken, die du nun systematisch nutzen und ausbauen kannst. Aber bedenke auch: Die höchsten Kosten eines Unternehmens verursachen nicht gescheiterte Projekte, sondern die erfolgreichen. Bei positiven Abweichungen musst du darum sofort die Kosten neu planen.

Plane auch die möglichen negativen Abweichungen in Form eines Worst-Case-Szenarios. Bitte deinen Mitarbeiter zu überlegen, was geschehen würde, wenn der Umsatz um dreißig, vierzig oder fünfzig Prozent einbräche. Warum ist ein solches Worst-Case-Szenario sinnvoll? Erstens kann solch eine Entwicklung schneller eintreffen, als manch einer glaubt. Zweitens solltest du beizeiten darüber nachdenken, an welchen Stellen deine Firma eigentlich flexibel ist. Wo hast du Handlungsspielräume? Drittens ist das einfach der beste Weg, um die wesentlichen Zusammenhänge wirklich zu verstehen.

Begreife den Budgetplan als ein Versprechen. Dein Mitarbeiter sagt dir damit: »Das ist das Ziel, das ich auf jeden Fall erreichen will, ich werde alles dafür tun, denn das Unternehmen verlässt sich auf meinen Plan.«

Und so gelingt's:

1. Unterteile deinen Verantwortungsbereich in strategische Geschäftseinheiten.
2. Ordne jeder Einheit einen verantwortlichen Mitarbeiter zu, der einen Budgetplan erstellt. Überleg genau, wie du die Gemeinkosten berücksichtigst, ob es sich um ein reines Kostenbudget (Einkauf, Produktion, Verwaltung) oder um ein Budget mit Einnahmen und Ausgaben handelt (Vertrieb, Profit-Center).
3. Besprich den fertigen Plan mit deinem Mitarbeiter. Achte darauf, dass der Plan in der Sprache des Geldes geschrieben ist. In der Regel muss er nach dem Gespräch neu geschrieben werden. Bleib geduldig – auch wenn er ein drittes und viertes Mal verfasst werden muss.
4. Leg mit dem Mitarbeiter zusammen die Kontrolltermine fest: Wann erhältst du einen schriftlichen Bericht mit dem Soll-Ist-Vergleich?
5. Schaff ein System, mit dem du auf Knopfdruck die Einhaltung des Budgetplans überprüfen kannst.

15. Die fünf Prinzipien

Das erste Prinzip: Verantwortung übernehmen

Es war einmal ein Mann, der maulte jeden Tag über seine mitgebrachten Brote. Seine Kollegen rieten ihm schließlich entnervt, er möge doch seiner Frau einfach mal sagen, was er gern esse. Er antwortete: »Welcher Frau? Ich schmiere mir meine Brote selbst!«

Die Geschichte zeigt das Wesen der Verantwortung. Es liegt an dir, was du aus den Gegebenheiten machst, die du in deiner Arbeit vorfindest. Du schmierst dir deine Brote selbst. Du wirst kein Paradies finden, in dem alles ideal ist. Aber es ist deine Aufgabe, auf die jeweiligen Umstände wie ein Leader zu antworten.

Wenn du die Verhältnisse für irgendetwas verantwortlich machst, dann gibst du ihnen mehr Macht, als ihnen gebührt. Das wäre die falsche Antwort. Leader klagen nicht über Umstände, damit würden sie nur Energie verschwenden und nichts ändern. Vielmehr schaffen sie sich die Umstände, die sie brauchen, um Ergebnisse liefern zu können. Das ist die richtige Antwort.

Fang also stets bei dir selbst an. Das erste Prinzip umfasst drei Fundamente. Für alle drei bist du allein verantwortlich:

1. *Identifikation*. Niemand kann Verantwortung für etwas übernehmen, mit dem er sich nicht identifizieren kann. Empfindest du Leidenschaft für dein Unternehmen, seine Menschen, seine

Vision, seine Idee, seine Produkte? Es ist deine Aufgabe, dich damit zu identifizieren. Diese Aufgabe kann dir niemand abnehmen. Finde heraus, warum dein Unternehmen etwas Besonderes ist, lern die Produkte und die Menschen zu lieben, für die du dich entschieden hast. Frag dich: Warum wird die Welt durch mein Unternehmen zu einem besseren Ort? Damit ist nicht gesagt, dass du ein realitätsfremder Träumer werden sollst. Aber du musst deinen Platz im Leben finden und dazu stehen.

2. *Selbstmotivation.* Hör nicht auf all die populistischen Redner, die dich und andere motivieren wollen. Wenn du dich an den Motivationstropf anderer anschließt, bleibst du schwach und abhängig. Lern stattdessen, dich selbst zu motivieren, das ist deine Aufgabe. Nachhaltig wirkende Motivation erhältst du einzig und allein aus Zielen, die dich begeistern, und aus der Zuversicht, dass du diese Ziele erreichen kannst. Falls hingegen jemand dich bitten sollte, ihn zu motivieren, so antworte: »Ich motiviere niemanden, ich arbeite mit motivierten Mitarbeitern zusammen.« Und dann hilf ihm, Ziele zu setzen, Selbstbewusstsein zu entwickeln und diese Ziele zu erreichen.
3. *Selbstverantwortung.* Stehst du für alles gerade, was in deinem Bereich geschieht? Nimmst du die Ergebnisse deines Teams als deine Ergebnisse wahr? Wenn etwas außerordentlich Erfolgreiches gelingt, rede den Erfolg nicht klein, sag nicht, es sei halt Glück gewesen. Du musst für Misserfolge, aber auch für Erfolge Verantwortung übernehmen. Zeig niemals mit dem Finger auf Mitarbeiter, denen ein Fehler unterlaufen ist. Nach innen muss schmutzige Wäsche gewaschen werden, aber nie nach außen. Vielleicht bist du nicht verantwortlich für alle Ereignisse – schließlich bist du nicht allein auf der Welt. Aber du bist immer dafür verantwortlich, wie du reagierst. Du allein entscheidest, ob du klagst oder sagst: »Jetzt erst recht.« Du entscheidest, ob du aufgibst oder nach Lösungen suchst. Es liegt an dir, ob du aus Fehlschlägen die Konsequenz ziehst, bessere Systeme zu schaffen.

Wenn du diese drei Fundamente geschaffen hast, dann schau dir deine Mitarbeiter genau an. Du wirst drei Typen erkennen: Beobachter, Springer und Spieler.

Der *Beobachter* schaut zu, nimmt niemals richtig teil, packt nicht richtig an, lieber gibt er schlaue Ratschläge. Beobachter haben noch keine Identifikation aufgebaut, wollen motiviert werden und übernehmen selten Verantwortung.

Springer nehmen mal am Spiel teil, mal wollen sie nur beobachten. In ihrer Unsicherheit springen sie hin und her, sie haben ihre berufliche Heimat noch nicht gefunden. Ihre Identifikation ist schwach, die Motivation und die Bereitschaft, Verantwortung zu übernehmen, schwankt. Wenn es einmal eng wird, springen sie schnell ab.

Spieler wissen, wo ihr Platz ist. Sie identifizieren sich mit dem Unternehmen, können sich selbst motivieren und übernehmen Verantwortung. Spieler sind nicht nur mit dem ganzen Herzen dabei, sie sind das Herz der Unternehmen. Begeisterte Spieler identifizieren sich besonders stark, sind besonders motiviert und suchen besonders viel Verantwortung.

Und so gelingt's also:

1. Lebe die drei Fundamente – Identifikation, Selbstmotivation und Selbstverantwortung – vor.
2. Fördere vor allem die Spieler in deinem Bereich. So entwickelst du eine Verantwortungskultur.
3. Mach unmissverständlich deutlich, dass EOAs und Budgetpläne umzusetzen sind.
4. Dulde keine Ausreden.
5. Stelle klar, wie wichtig dir Identifikation, Selbstmotivation und Selbstverantwortung sind.

Das zweite Prinzip: Ergebnisorientierung

Leader wissen: Führung bedeutet, *gemeinsam bessere Ergebnisse* zu erzielen. Du wirst für Resultate bezahlt, nicht für deine Anstrengungen. Das Ergebnis zählt, nicht die Mühe. Je mehr brauchbare Ergebnisse du innerhalb einer bestimmten Zeit erreichst, desto wertvoller bist du.

Viele Manager haben ihre liebe Not mit diesem Prinzip und bewerten Anstrengungen höher als Resultate. So fördern sie Aktionismus und Beschäftigungswahn. Es geht nicht darum, möglichst lange zu arbeiten. Die Quantität der Zeit ist nicht so entscheidend wie die Qualität. Leader berichten nicht, wie lange und hart sie arbeiten, sie liefern Ergebnisse. Dazu solltest du auch deine Mitarbeiter anleiten.

Lehre sie, Ergebnisse mehr zu lieben als die Arbeit selbst – dann werdet ihr Erfolg produzieren. Jeder ist selbst dafür zuständig, ob er seine Arbeit liebt. Das ist nicht deine Aufgabe. Du bist nur für Ergebnisse verantwortlich, und damit hast du ausreichend zu tun.

Gestatte aber Fehler. Einige Menschen haben Angst zu versagen und unternehmen alles, damit ihre Arbeit nicht messbar ist. Diese Angst kannst du ihnen nehmen, indem du Fehler erlaubst. Auch Fehler sind Resultate, aus ihnen lernt man. Wer keine Angst vor Fehlern hat, muss Ergebnisse nicht mehr fürchten. Dieselben Fehler sollten allerdings nicht wiederholt werden und sie sollten nicht aufgrund schwachen Engagements auftreten.

Erlaube niemals, dass jemand sagt: »Ich will es versuchen …« Wer das sagt, rechnet bereits mit Hindernissen. Statt sich auf das Ergebnis zu konzentrieren, sucht er bereits nach Gründen, warum etwas nicht funktionieren kann, und legt sich schon die passenden Begründungen zurecht. »Versuchen« ist nur eine lautere Art, etwas nicht zu tun. Fordere deine Mitarbeiter auf, das geplante Ergebnis auf jeden Fall zu erzielen. So nutzen sie ihre Energie, um *Lösungen* zu finden.

Analysiere die Planungen deiner Mitarbeiter auf eingebaute Versagensängste. Aus Angst, ein Ergebnis nicht zu erreichen, planen manche Menschen bereits Hindernisse mit ein, frei nach dem Motto:

»Lieber winzige Ziele erreichen als hohe verfehlen.« Wenn du das zulässt, förderst du bestenfalls Mittelmäßigkeit.

Honoriere niemals Absichtserklärungen. Nimm sie zur Kenntnis, aber beglückwünsche niemanden dazu. Dein Respekt gebührt allein den Ergebnissen.

Ermutige deine Mitarbeiter nicht, *irgendwelche* Ergebnisse zu erzielen, verlange *ausgezeichnete* Ergebnisse. Bei deiner Aufgabe, Menschen zu fördern und den Unternehmenszweck zu erfüllen, helfen dir die EOAs und der Budgetplan. Beide sind Teil eines Systems, für das gilt: *Plus ein Prozent.* Durch dieses eine Prozent Plus wird jeder daran erinnert, dass er sich ständig verbessern muss. Morgen sollten die Ergebnisse besser sein als heute.

Und so gelingt's:

1. Schaff eine Kultur, in der ausschließlich Ergebnisse zählen. Will jemand begründen, warum ein angestrebtes Ergebnis nicht erreicht wurde, dann antworte ihm: »In meine Statistik passen nur Zahlen, da ist keine Spalte für Entschuldigungen.«
2. Zeig klar und deutlich: Wenn jemand eine Aufgabe übernimmt, betrachte ich sie als erledigt.
3. Fördere die Mitarbeiter, die Ergebnisse erzielen, und nicht die, die nur hart arbeiten.
4. Werde nie müde darin, mithilfe von EOAs und Budgetplänen die Messbarkeit der Ergebnisse zu verbessern.

Das dritte Prinzip: Konzentration auf Stärken

Was ist effektiver, wenn du Menschen fördern willst: ihnen zu helfen, Schwächen abzubauen oder Stärken aufzubauen? Die Antwort ist ebenso eindeutig wie wichtig. Einzig und allein der zweite Ansatz ermöglicht außergewöhnliche Erfolge. Schwächen abbauen macht nur weniger schwach. So entsteht allenfalls Mittelmaß, Mittelmaß ist aber der Feind des Außergewöhnlichen. Abgesehen davon *kannst* du in der Praxis gegen Schwächen deiner Mitarbeiter meistens nichts ausrichten. Du würdest höchstens ihre Arbeitsfreude zerstören.

Wenn du deine Mitarbeiter wirklich fördern willst, musst du sie coachen, ihre Stärken auszubauen. Wo Menschen große Stärken haben, kannst du große Leistungen einfordern. Außerdem haben Mitarbeiter, die an ihren Stärken arbeiten, keine Motivationsprobleme mehr.

Den meisten Menschen fällt es schwer, sich auf ihre angeborenen Talente zu konzentrieren. Dafür gibt es vor allem vier Gründe: Zum einen werden viele Kinder durch Erziehung und die Erwartungen ihrer Eltern in bestimmte Rollen gezwängt. Diese stimmen oft nicht mit ihren wirklichen Talenten und Neigungen überein. Zum anderen fallen Schwächen einfach den meisten eher auf. Es scheint geradezu teuflisch: Was einem Menschen leichtfällt, bemerkt er kaum, was nicht funktioniert, fällt ins Auge.

Drittens entwickelt jeder Mensch Pseudostärken, um Schwächen zu kompensieren. Jedes Kind kommt während seiner schulischen Laufbahn einmal zu dem Schluss, minderwertig zu sein. Den dadurch entstandenen Schmerz will es überdecken, indem es Stärken entwickelt. Diese Stärken sind meist künstlich und entsprechen nur selten den angeborenen Talenten. Viertens wird, wer sich konsequent um seine Stärken kümmert, angreifbar. Seine Schwächen fallen auf. Angst entsteht. Viele Menschen schützen sich dann lieber vor emotionalen Verletzungen und versuchen, ihre Schwächen auszubügeln.

Du musst also die *tatsächlichen* Talente deiner Mitarbeiter entdecken und fördern. Nutze systematisch die Tests, die dafür angeboten werden. Überschätz dich nicht, indem du denkst, du könntest aus dem Bauch heraus zu einer fairen Beurteilung kommen.

Verwechsle dabei die Stärken nicht mit den Vorlieben eines Mitarbeiters. Viele tun Dinge gern, mit denen sie bemitleidenswert schlechte Ergebnisse erzielen.

Geh immer vom Ziel aus. Frag dich: Welche Talente benötigt ein Mitarbeiter, um eine Aufgabe zu erfüllen? Je klarer deine EOAs formuliert sind, desto leichter kannst du die richtige Person dazu finden. Versuche nicht Menschen zu verändern, finde lieber die richtigen Mitarbeiter.

Darüber hinaus darfst du nicht in die Falle tappen, gute Leistung für selbstverständlich zu halten und zu übersehen. Ebenso wenig darfst du auf Schwächen herumreiten.

Lerne Schwächen zu *unterscheiden*. Viele sind für die verlangte Aufgabe bedeutungslos, solche Schwächen kannst und sollst du ignorieren. Alle anderen Schwächen musst du beachten. Überleg, ob es sich um mangelndes Wissen, fehlende Fertigkeiten, mangelndes Verständnis oder um schlechte Gewohnheiten handelt – nur Letztere sind schwer zu verändern. Überleg stets, ob es nicht eine Aufgabe gibt, bei der eine vermeintliche Schwäche zu einer Stärke wird.

Fordere keine Perfektion, wenn diese nicht unbedingt notwendig ist. Perfektion lenkt die Aufmerksamkeit auf Schwächen und schürt die Angst vor Fehlern. Wer ständig Angst vor Fehlern hat, wird schwach. Fordere stattdessen das Außergewöhnliche, Verzauberung. Um das zu erreichen, müssen Fehler erlaubt sein.

Großes Talent hat übrigens einen Zwillingsbruder: große Schwäche. Große Menschen sind einseitige Menschen. Erwäge darum, den Leistungsstärksten in deiner Abteilung oder Firma den Rücken freizuhalten, indem du viele ihrer Schwächen in Kauf nimmst und ihnen hilfst, in der Welt zurechtzukommen.

Und so gelingt's:

1. Geh immer vom Ziel aus, formuliere die EOAs, die du benötigst, um diese Ziele zu erreichen.
2. Ermittle die Stärken deiner Mitarbeiter systematisch. Befrag den Betroffenen, aber auch seine Kollegen danach, beobachte und kontrolliere. Urteile auf der Basis von tatsächlich erbrachten Er-

gebnissen. Verteil dann die Aufgaben entsprechend den erforderlichen Stärken.

3. Fördere Stärken immer und ständig, deine eigenen ebenso wie die deiner Mitarbeiter und deiner Firma. Ignoriere hingegen Schwächen, falls irgend möglich.

Das vierte Prinzip: Gutes Betriebsklima

Die Prinzipien erklären, *wie* du deine Aufgaben erfüllen solltest, in welchem Bewusstseinszustand du deine Aufgaben erfüllen solltest. Prinzipien entscheiden nicht zuletzt über die Stimmung, die in deinem Verantwortungsbereich normalerweise herrscht.

Pflanzen und Tiere können nur in einem bestimmten Umfeld wachsen. Mit Menschen ist es ähnlich. Als Leader weißt du: Deine Mitarbeiter benötigen – wie du selbst auch – ein gutes Betriebsklima, um außergewöhnliche Ergebnisse zu erzielen. Neunzig Prozent aller Nachrichten, die du tagtäglich erhältst, sind negativ. Du musst also aus den positiven zehn Prozent ausreichend Kraft schöpfen. Ob dir das gelingt, hängt zum größten Teil von dem Klima in deiner Firma ab.

Du darfst darum nichts dem Zufall überlassen. Ein bestimmtes Klima ist wie eine gute Suppe: Du musst die Zutaten kennen und darauf achten, dass sie auch tatsächlich verwandt werden – jeden Tag aufs Neue. Die folgenden Regeln sollen daran erinnern, welche Zutaten ein Klima entstehen lassen, in dem Spitzenleistungen gedeihen:

Du solltest nicht jammern, wenn du auf Schwierigkeiten stößt. Probleme sind Chancen.

Trag deine eventuell vorhandene schlechte Laune nicht ins Unternehmen. Übe, unabhängig von deiner Stimmungslage zu handeln.

Rede nicht schlecht über Dritte und reiß keine Witze auf Kosten anderer. Wer schlecht über Abwesende redet, redet auch schlecht über Anwesende, sobald sie abwesend sind.

Du sollst immer dein Bestes geben. So gewinnst du auch Arbeiten etwas Positives ab, die du wenig schätzt. Du liebst das Ergebnis und freust dich daran. Tu mit dem, was du hast, stets das, was du kannst, egal, wo du bist.

Vergiss dabei nie, dass du nicht allein bist: Gemeinsam mit anderen erreichst du immer mehr.

Kommuniziere mit deinen Kollegen. Das gilt besonders dann, wenn es dir schwerfällt. Wo Kommunikation endet, entstehen Probleme. Schlüpf in die Haut des anderen, bemüh dich ernsthaft, ihn zu verstehen. Niemand erwartet von dir, dass du alle Kollegen liebst. Pflege aber mit jedem im Unternehmen einen freundlichen Umgang. Vielleicht hilft dir dabei eine einfache Wahrheit: Du siehst in anderen, was du in deinem eigenen Herzen trägst. Wenn du andere verurteilst, verurteilst du dich selbst.

Sei unnachgiebig, wenn es um Ergebnisse geht, aber sei tolerant in Bezug auf menschliche Eigenarten.

Folge der goldenen Regel: Wer das Geld hat, hat das Sagen. Tu immer, was dein Chef will. Solltest du anderer Meinung sein, überzeuge ihn unter vier Augen von deiner Meinung.

Denke groß. Lass dich nicht durch Kleinigkeiten aus der Fassung bringen. Nur kleine Geister erzürnen sich über kleine Dinge. Deine Größe zeigt sich an den Dingen, die dich betroffen machen.

Erfinde keine zusätzlichen Regeln. Lebe lieber die wenigen Regeln meisterlich.

Mitarbeiter, die das gute Betriebsklima stören, kosten Geld und Lebensqualität. Ermahn sie, verwarn sie, und wenn das nicht hilft, trenn dich von ihnen.

Und so gelingt's:

1. Verschaff allen Zugang zu den Regeln für ein gutes Betriebsklima. Hänge sie aus. Wenn angemessen, sprich darüber, etwa bei einer Beurteilung von Engagement.

2. Vor allem aber – *lebe* diese Regeln. Es ist wichtiger, dass deine Mitarbeiter diese Regeln an deinem Verhalten ablesen können als vom Schwarzen Brett.
3. Setz dir zum Ziel, dass sich jeder nach einem Gespräch mit dir besser fühlt – in seiner Haut, in der Firma, unter deiner Leitung.

Das fünfte Prinzip: Vertrauen schaffen

Jeder Leader weiß: Wenn andere dir vertrauen, ist alles leichter. Kunden kaufen aus Vertrauen, Informationen fließen aus Vertrauen, jede Art von Zusammenarbeit funktioniert nur, wenn Vertrauen herrscht. Wie kannst du nun erreichen, dass andere dir vertrauen?

Natürlich hängt das auch von deiner Kompetenz ab, also deinem Wissen, deiner Erfahrung und deinem Urteilsvermögen. Aber weitaus stärker hängt es von deiner Persönlichkeit ab, ob andere dir ihr Vertrauen schenken. Im anderen Fall würde sich das Vertrauen auf deine fachliche Kompetenz beschränken. Als Mensch trauen dir deine Mitarbeiter nur, wenn du ihnen vertraust.

Zwei Aspekte deines Seins kannst du nie verbergen: wie du die *Welt* siehst und wie du *dich selbst* siehst. Beides drückst du durch deine Körpersprache aus. Wer ein negatives Weltbild und wenig Selbstvertrauen hat, misstraut auch anderen. Und das spüren die Menschen, es lässt sich nicht verbergen, Körpersprache lügt nicht. Jeder Leader muss darum lernen, sich selbst zu vertrauen, nur dann kann er anderen vertrauen. Du musst wissen: Je größer dein Selbstvertrauen und dein Vertrauen in die Welt ist, umso wirkungsvoller kannst du als Leader sein, weil man dir vertraut.

Vielleicht bist du oft enttäuscht worden und fasst darum nur schwer Vertrauen. Natürlich kann niemand über Nacht diese Einstellung ändern. Aber auch der längste Weg beginnt mit dem ersten Schritt.

Menschen mit negativem Weltbild und mangelndem Selbstvertrauen begehen vor allem zehn Fehler im Umgang mit anderen. Indem du konsequent daran arbeitest, diese Fehler zu vermeiden, schaffst du eine Kultur des Vertrauens. Denk daran: Durch dein *Tun* wirst du zu dem Menschen, der du sein willst.

Der erste Feind ist die *Angst,* die sich bis zur *Furcht* steigern kann. Bekämpf beide, sie sind die ärgsten Feinde des Vertrauens. Sie entstehen immer dann, wenn keine klaren Erwartungen kommuniziert werden, also EOAs fehlen, kein Feedback erfolgt und nicht nachvollziehbare Personalentscheidungen getroffen werden.

Der zweite Feind ist der *Verzicht auf Kontrolle.* Einige denken, Vertrauen und Kontrolle würden sich gegenseitig ausschließen, aber beides ist untrennbar miteinander verbunden. Erst durch die Kontrolle erhältst du die Grundlagen für ein fundiertes Vertrauen. Außerdem hilft Kontrolle, Missverständnisse aufzudecken. Wer nicht kontrolliert, beweist Inkompetenz, mangelndes Interesse und lädt zum Missbrauch ein.

Der dritte Feind ist *mangelnde Konsequenz.* Daraus erwächst Chaos. Bring deinen Mitarbeitern Vertrauen entgegen, aber warne davor, dein Vertrauen zu missbrauchen. Wenn du bei einer Kontrolle Missbrauch entdeckst, handle konsequent.

Der vierte Feind heißt, *alle Erfolge für sich zu beanspruchen.* Tritt besser zur Seite und leite die Anerkennung an deine Mitarbeiter weiter. Läuft es dagegen schlecht, stell dich vor deine Leute. Sag bei guten Ergebnissen: »Sie waren es«, bei mittelmäßigen: »Wir waren es« und bei schlechten: »Ich war's«.

Der fünfte Feind ist *der Mangel an Kommunikation.* Wenn du zum Beispiel nicht über die Unternehmensziele sprichst, fühlen sich deine Mitarbeiter übergangen.

Der sechste Feind ist die Versuchung, einen *Menschen in der Öffentlichkeit niederzumachen.* Alle Zuschauer werden dem Täter fortan misstrauen und sich eventuell sogar gegen ihn verbünden.

Der siebte Feind sind *Lügen.* Lass sie weder dir noch anderen durchgehen. Sorg dafür, dass du kongruent bist: Deine Worte und deine Handlungen müssen stets übereinstimmen.

Der achte Feind heißt, *Intriganten zu tolerieren*. Niemand würde verstehen, warum du sie duldest, selbst wenn sie hervorragende Ergebnisse erzielen. Sie vergiften das Klima. Der Schaden, den sie anrichten, ist in jedem Fall größer als der Nutzen. Du musst dich von ihnen trennen.

Der neunte Feind ist *unsachgemäße, zerstörerische Kritik*. Denk daran, bei deiner Kritik niemals die Person anzugreifen, sondern immer nur ein bestimmtes Verhalten.

Der zehnte Feind steckt in der Versuchung, *Fehler zu verdecken*, und in der Unfähigkeit, sich zu entschuldigen. Jeder macht Fehler. Ein Leader steht zu seinen Fehlern. Er entschuldigt sich und ändert anschließend sein Verhalten.

Wenn du diese zehn Fehler vermeidest und das richtige Verhalten zeigst, kommt es zudem auf die *Häufigkeit* an. Tust du es einmal, erzeugst du Aufmerksamkeit, aber erst, wenn du immer so handelst, erzeugst du Vertrauen. Eine Kultur des Vertrauens kann nur entstehen, wenn die richtigen Dinge wieder und wieder getan werden. Achte darum auf Beständigkeit. Beständigkeit schafft Vertrauen.

Und so gelingt's:

1. Lerne, dir selbst immer mehr zu vertrauen: Steigere dein Selbstvertrauen.
2. Schenke jedem deiner Mitarbeiter Vertrauen, aber stell klar, dass du Missbrauch nicht duldest.
3. Kontrolliere mit System, das heißt durch schriftliche Berichte, und zusätzlich stichprobenartig.
4. Geh bei Vertrauensmissbrauch hart und konsequent vor. Verwarn den betreffenden Mitarbeiter und gib ihm eine zweite Chance. Habe bei erneutem Missbrauch jedoch den Mut, dich von ihm zu trennen. Wenn du einen solchen Schritt tun musst, begründe ihn vor den anderen Mitarbeitern gut.

Literaturhinweise

Viele Bücher und vor allem persönliche Coachs haben meinen Lebensstil geprägt. Über Jahre habe ich durchschnittlich pro Woche zwei Bücher über Menschenführung gelesen. Sie alle aufzuführen würde dem Leser den Blick für das wirklich Wesentliche erschweren. Die nachfolgende Liste soll bewusst nur ein Auszug sein. Ich habe mich auf die Bücher beschränkt, die ich für wirklich lesenswert halte – einige sogar für äußerst lesenswert.

Allessandra, Tony & O'Conner, Michael J.: Die Platin-Regel, Campus Verlag, 1997

Altmann, Hans Christian: Sternstunden der Führung, verlag moderne industrie, 1992

Ammelburg, Gerd: Organismus Unternehmen, Econ Verlag, 1993

Balkhausen, Dieter: Alfred Herrhausen. Macht, Politik und Moral, Econ Verlag, 1992

Bandler, Richard & Grinder, John: Reframing, Real People Press, 1982

Beatty, Jack: Die Welt des Peter Drucker, Campus Verlag, 1998

Bernstein, Albert J.: Das Dinosaurier-Syndrom, Orell Füssli, 1990

Blanchard, Ken: The one minute apology, Harper / Collins, 2003

Blanchard, Ken: Whale Done!, Simon & Schuster, 2002

Blanchard, Ken: The Heart of a Leader Honor Books, 1999

Blanchard, Ken & Bowles, Sheldon: Raving Fans, William Morrow, 1993
Blanchard, Ken & Bowles, Sheldon: High Five, Harper / Collins, 2001
Blanchard, Ken & Bowles, Sheldon: Gung Ho!, William Morrow, 1998
Blanchard, Ken & Bowles, Sheldon: Big Bucks, William Morrow, 2000
Blanchard, Kenneth & Burrows, Hal: Der Minutenmanager und der Klammeraffe, Rowohlt, 1990
Blanchard, Kenneth & Carew, Donald: Der Minutenmanager schult Hochleistungsteams, Rowohlt, 1992
Blanchard, Kenneth & Johnson, Spencer: Der Minutenmanager, Rowohlt, 1983
Blanchard, Kenneth & Lorber, Robert: Die Praxis des 01-Minuten-Managers, mvg, 1990
Blanchard, Ken & Muchnik, Marc: Die Leadership-Pille, Hoffmann und Campe, 2004
Blanchard, Kenneth & Zigarmi, Patricia & Zigarmi, Drea: Der Minutenmanager: Führungsstile, Rowohlt, 1986
Bloomberg, Michael: Bloomberg über Bloomberg, Börsenbuch Verlag, 1997
Brandes, Dieter: Einfach managen, Carl Ueberreuter, 2002
Branson, Richard: Business ist wie Rock 'n' Roll, Campus Verlag, 1999
Buckingham, Marcus & Clifton, Donald O.: Entdecken Sie Ihre Stärken – Jetzt!, Campus Verlag, 2002
Buckingham, Marcus & Coffman, Curt: Erfolgreiche Führung gegen alle Regeln, Campus Verlag, 2002
Carnegie, Dale: Management: Durch Menschenführung zum Erfolg, Metropolitan, 1999
Cashman, Kevin: Leadership from the inside out, TCLG, 1998
Chopra, Deepak: Die sieben geistigen Gesetze des Erfolgs, Heyne, 1996

Clancy, Kevin J. & Shulman, Robert S.: Erfolgskiller, Econ Verlag, 1995

Cohen, William A.: Die Kunst zu führen, Prentice Hall, 1991

Cooper, Robert K. & Sawaf, Ayman: Executive EQ, AIT, 1996

Covey, Stephen R.: Die 7 Wege zur Effektivität, Gabal Verlag, 2005

Covey, Stephen R.: Der 8. Weg, Gabal Verlag, 2006

Covey, Stephen R.: Der Weg zum Wesentlichen, Campus Verlag, 1997

Covey, Stephen R.: First Things First, Simon & Schuster, 1995

Covey, Stephen R.: Die effektive Führungspersönlichkeit, Campus Verlag, 1992

Crainer, Stuart: Die ultimative Managementbibliothek, Campus Verlag, 1997

Crainer, Stuart: Die Jack Welch Methode, Ueberreuter, 2000

Crainer, Stuart: Die Rupert Murdoch Methode, Ueberreuter, 2002

Csikszentmihalyi, Mihaly: Flow, J.G. Cotta´sche, 1992

Csikszentmihalyi, Mihaly: Dem Sinn des Lebens eine Zukunft geben, Klett-Cotta, 1995

Csikszentmihalyi, Mihaly: Das Flow-Erlebnis, Klett-Cotta, 2000

Davis, Stan & Meyer, Chris: Das Prinzip Risiko, Econ Verlag, 2001

Dearlove, Des: Die Richard Branson Methode, Ueberreuter, 2002

Deming, W. Edwards: Out of the crisis, McGraw-Hill Education, 1986

De Pree, Max: Leadership is an Art, Dell, 1990

Drucker, Peter F.: Management im 21. Jahrhundert, Econ Verlag, 1999

Drucker, Peter F. & Paschek, Peter (Hg.): Kardinaltugenden effektiver Führung, Redline Wirtschaft, 2004

Dyer, Wayne W.: Der Wendepunkt, Rowohlt Verlag, 1996

Egli, René: Das LOLA-Prinzip, Editions d'Olt, 1994

Freemantle, David: Der Superboss, mvg, 1990

Friedrich, Kerstin & Seiwert, Lothar J.: Das 1 x 1 der Erfolgsstrategie, Gabal Verlag

Gandhi, Mahatma: Mein Leben, Suhrkamp Verlag, 2004

Garlow, James L.: 21 Irrefutable Laws of Leadership, Thomas Nelson Publishers, 2004

Gates, Bill: Digitales Business, Heyne Verlag, 1999

Gates, Bill: Speaks, John Wiley & Sons, Inc., 1998

Gloger, Axel: Millionäre, Ueberreuter, 2002

Goldratt, Eliyahu M.: Theory of Constraints, North River Press, 1990

Goleman, Daniel: Emotionale Intelligenz, Carl Hanser Verlag, 1995

Gordon, Maynard M.: Das Iacocca-Management, mvg, 1990

Greene, Robert: Power – die 48 Gesetze der Macht, Carl Hanser Verlag, 1999

Haefs, Gisbert: Alexander in Asien, Heyne Verlag, 2004

Hamel, Gary: Das revolutionäre Unternehmen, Econ Verlag, 2001

Handy, Charles: Managementstile, McGraw-Hill, 1988

Handy, Charles: Gute Egoisten, Bertelsmann, 1998

Handy, Charles: Gods of Management, Oxford University Press, 1995

Handy, Charles: The Elephant and the Flea, Hutchinson, 2001

Handy, Charles: The New Alchemists, Hutchinson, 1999

Handy, Charles: Ohne Gewähr, Gabler, 1996

Handy, Charles: 21 Ideas for Managers, Jossey-Bass books, 2000

Handy, Charles: Die Fortschrittsfalle, Gabler Verlag, 2001

Handy, Charles: The Hungry Spirit, Broadway Books NY, 1999

Handy, Charles: Im Bauch der Organisation, Campus Verlag, 1993

Harari, Oren: The Leadership Secrets of Colin Powell, McGraw-Hill, 2002

Hill, Napoleon: Denke nach und werde reich, Ariston Verlag, 2006

Hill, Napoleon & Stone, W. Clement: Erfolg durch positives Denken, Ariston Verlag, 2005

Ichbiah, Daniel: Die Microsoft-Story, Heyne Verlag, 1994

Johnson, Spencer: The Present, Random House, 2003

Kellner, Hedwig: Konflikte verstehen, verhindern, lösen, Carl Hanser Verlag, 1999

Kets de Vries, Manfred: Das Geheimnis erfolgreicher Manager, Verlag Financial Times Prentice Hall, 2002

Klein, Stefan: Die Glücksformel, Rowohlt Verlag, 2002
Koch, Richard: Das 80 / 20 Prinzip, Campus Verlag, 1998
Kotter, John P.: Matsushita, Ueberreuter, 2001
Krause, Donald G.: Die Kunst der Überlegenheit, Ueberreuter, 1997
Kunz, Manfred J.: Wie Profis motivieren, verlag moderne industrie, 1987
Landsberg, Max: Das Tao des Coaching, Campus Verlag, 1998
Lay, Rupert: Dialektik für Manager, LangenMüller Herbig, 1987
Lay, Rupert: Philosophie für Manager, Econ Verlag, 1988
Lencioni, Patrick: Der Putzmann und der Manager, Econ Verlag, 2002
Lundin, Stephen C.: Fish, Ueberreuter, 2000
Lynch, Dudley & Kordis, Paul: Delphin-Strategien, Paidia, 1992
MacGregor Burns, James: Leadership, Harper Torchbooks, 1978
Machiavelli, Niccolo: Der Fürst, Kröner, 1978
Malik, Fredmund: Führen, Leisten, Leben, Deutsche Verlags-Anstalt, 2001
Mandino, Og: The Greatest Salesman In The World, Frederick Fell, 2001
May, Peter: Lernen von den Champions, FAZ, 2001
McCormack, Mark H.: Die Schule des Managements, Campus Verlag, 1998
Nelson Bolles, Richard: Durchstarten zum Traumjob, Campus, 2000
O'Boyle, Thomas: Jack Welsh, Deutsche Verlags-Anstalt, 2002
Peale, Norman Vincent: Das Ja zum Leben, Bastei Lübbe, 1999
Peters, Tom: Das Tom Peters Seminar, Campus Verlag, 1995
Peters, Tom: Der Innovationskreis, Econ Verlag, 2002
Powell, Colin: Mein Weg, Piper, 2002
Schwarzkopf, H. Norman: Man muß kein Held sein, C. Bertelsmann, 1999
Seligmann, Martin E. P.: Erlernte Hilflosigkeit, Beltz, 1999
Seligmann, Martin E. P.: Der Glücks-Faktor, Lübbe, 2003
Simon, Hermann: Die heimlichen Gewinner, Campus Verlag, 1996

Slater, Robert: Die unschlagbare Erfolgsstrategie von Jack Welch, verlag moderne industrie, 1999

Slater, Robert: Business is simple, verlag moderne industrie, 2002

Smith, Adam: Der Wohlstand der Nationen, Deutscher Taschenbuch Verlag, 1999

Stehling, Wolfgang: Ja zum Stress, Campus Verlag, 2000

Talkenberger, Peter P. & Mehler, Horst A.: Wirtschaftskarrieren, Möwe Verlag, 1992

Trout, Jack & Rivkin, Steve: Die Macht des Einfachen, Ueberreuter, 2002

V.: Der Mafia-Manager, Signum, 1997

Wagandt, Alexander: NLP für Manager, Signum, 1997

Watson, Thomas J. & Petre, Peter: Der Vater, der Sohn & die Firma / Die IBM-Story, Heyne Verlag, 1997

Welch, Jack: Was zählt, Econ, 2001

Wheatley, Margret J.: Leadership and the New Science, Berret-Koehler, 1994

Wilde, Stuart: Die Kraft ohne Grenzen, Hugendubel, 1998

Wilson, Jeremy: Lawrence von Arabien, List Verlag, 1999

Würth, Reinhold: Erfolgsgeheimnis Führungskultur, Verlag Paul Swiridoff, 1999

Management 1: Best Practice, Checkliste, Actionlists, Campus Verlag, 2003

Management 2: Vordenker, Manager, Bücher, Lexikon, Zitate, Register, Campus Verlag, 2003

Stichwortverzeichnis

Über die Autoren

Boris Grundl

legte – trotz eines heftigen Schicksalsschlages – eine Blitzkarriere als Führungsexperte hin. Der mitreißende Vortragsredner gehört zu Europas Trainerelite. Über 200 Spitzenführungskräfte vertrauen dem Top-Leadership-Trainer im Einzelcoaching. Sein Credo: »Führen heißt vorleben, alles andere ist Dressur.« Boris Grundl lebt und arbeitet in seiner Heimatstadt Trossingen am Rande des Schwarzwalds.

Bodo Schäfer

ist weltweit der erfolgreichste Sachbuchautor zum Thema Geld und Aufbau von Wohlstand. Sein Nr.-1-Bestseller »Der Weg zur finanziellen Freiheit« wurde über 10 Millionen Mal verkauft. Er sagt: »Die Qualität unseres Lebens ist abhängig von unserer Fähigkeit zu führen.« Bodo Schäfer lebt und arbeitet als Schriftsteller, Kongressredner und Unternehmer in Köln.

BÜCHER VON BODO SCHÄFER

Das Standardwerk von Bodo Schäfer ist weltweit über 10 Millionen Mal verkauft. Es zeigt, wie Sie innerhalb von 7 Jahren Ihre erste Million erreichen können.
(auch als Audio-Buch erhältlich)

Das Grundlagenbuch für Anleger: Es beschreibt die Anlage-Grundregeln, erklärt die Anlage-Produkte leicht verständlich und zeigt, wie Sie 8-12% Rendite pro Jahr erwirtschaften können – bei optimaler Sicherheit.

Ein Buch für Kinder (und Erwachsene), um spielerisch die Regeln für den Umgang mit Geld zu lernen.
Die spannende Geschichte handelt von einem 11-jährigen Mädchen, das von einem sprechenden Hund namens Money Geld-Unterricht erhält.
Das Buch wurde 5 Millionen Mal verkauft.
(auch als Audio-Buch erhältlich)

BÜCHER VON BODO SCHÄFER

Dieses Buch für Persönlichkeitsentwicklung zeigt, wie Sie mit 30 erprobten Strategien in allen Lebenslagen Ihre Ziele erreichen.
(auch als Audio-Buch erhältlich)

Hier beschreibt Bodo Schäfer, wie Sie im Beruf erfolgreicher werden können: Nicht nur wie Sie Ihr Einkommmen erhöhen, sondern auch, wie Sie den Beruf finden, der Ihnen entspricht und so Sinn und Spaß im Job haben.
(auch als Audio-Buch erhältlich)

Es wird klar, dass jeder selbst für seinen Wohlstand sorgen muss. Der zweite Teil des Buches ist ein genauer Wegweiser: Sie finden die entscheidenden 7 Regeln, die Sie zu Wohlstand und finanzieller Freiheit führen. Dieser Weg ist leicht verständlich beschrieben. Er ist für jeden sofort umsetzbar.